LES GRANDES figures DE LA Spiritualité CHRÉTIENNE

CRÉDITS

LE FIGARO

Projet développé par le Figaro
Édité par :
La Société du Figaro
14, bd Haussmann – 75009 Paris – www.lefigaro.fr
Directeur général : Marc Feuillée

Les Presses de la Renaissance
Édi8 – 12, av. d'Italie – 75013 Paris – www.presses-renaissance.fr
Président-directeur général : Vincent Barbare

Dépôt légal : avril 2017
Achevé d'imprimer en avril 2017 sur les presses de l'imprimerie Elcograf S.p.A., via Mondadori 15, Vérone, Italie

ISBN : 978-2-7509-1322-9 (collection)
ISBN : 978-2-7509-1319-9 (volume)

Direction de la collection : Anne Evrard
Responsable projet : Stéphanie de Fonscolombe
Direction industrielle : Marc Tonkovic
Maquette : Nord Compo
Responsable éditoriale : Séverine Courtaud
Direction artistique et couverture : Marie de Lattre
Enregistrement et conception sonore : Deja Production

François de Muizon

Marthe Robin

1902-1981

Marthe Robin

Sommaire

SUR LE CD
TEXTES LUS PAR MICHAEL LONSDALE

Extrait musique *Antiphon Psalm 111*
Kraft der Stille
Bauer Studios, Ludwigsburg

Michael Lonsdale

Comédien français célèbre pour ses grands rôles au cinéma (*Le Nom de la rose*, *James Bond*, *Des hommes et des dieux*…), Michael Lonsdale prête sa voix profonde aux textes emblématiques, aussi accessibles qu'incontournables, des grandes figures de la spiritualité chrétienne.
Connu pour sa foi, il nous enchante par cette série de lectures qui ravive l'âme des écrits pour mieux toucher la nôtre.

Préface

Tout est contraste chez Marthe Robin. Cette petite femme recroquevillée à vie dans un lit d'une ferme perdue de la Galaure où elle vivait, quasi aveugle, est sans doute l'une des personnes les plus influentes et clairvoyantes de l'Église catholique de la fin du XXe siècle en France.

Marthe Robin a été en effet de toutes les grandes initiatives d'évangélisation qui ont marqué le renouveau catholique français à partir des années 1970. Non à la manière d'une intrigante, mais en conseillère avisée et éclairée. À sa façon, ce petit bout de femme fut une grande dame de Dieu.

Elle qui exerça une influence considérable – la foule faisait la file pour la rencontrer dans la modeste chambre où elle était clouée par la maladie comme sur une croix – est relativement peu connue du grand public. Elle le sera probablement un jour quand l'Église la reconnaîtra comme « bienheureuse » ou sainte. Le procès est en cours, mais elle récusa de son vivant cette gloire, fuyant également tout intérêt pour sa propre personne.

Paysanne, autodidacte, elle tenait son savoir d'en-Haut. Elle avait emprunté la voie de la foi vive qui lui fera connaître les stigmates du Christ, un phénomène réservé aux plus grands saints. Sa vie de personne alitée fut monotone en apparence, mais totalement transcendée par sa relation spirituelle et intime avec le Christ. Comme d'une source, elle y puisait la lumière pour prodiguer des conseils à ceux qui la questionnaient mais aussi pour fonder sa grande œuvre : les Foyers de Charité.

Ces centres de retraites spirituelles, aujourd'hui disséminés dans le monde, permettent à tout un chacun de vivre, le temps de quelques jours, l'une des spécificités de la vie de Marthe : le silence. Un silence plein pour mieux rejoindre le divin. Un silence de prière à l'opposé de l'indifférence à la souffrance du monde. Un silence d'amour qui parle la langue de l'âme dans un monde bavard et insatiable. Un silence postmoderne qui sera peut-être le grand luxe de demain.

Marthe Robin que l'on peut ériger au rang des grandes mystiques de l'église catholique a ainsi ouvert un chemin spirituel qui n'est pas celui du triomphe visible ou de l'apparence, mais celui des profondeurs de l'âme humaine.

Michael LONSDALE

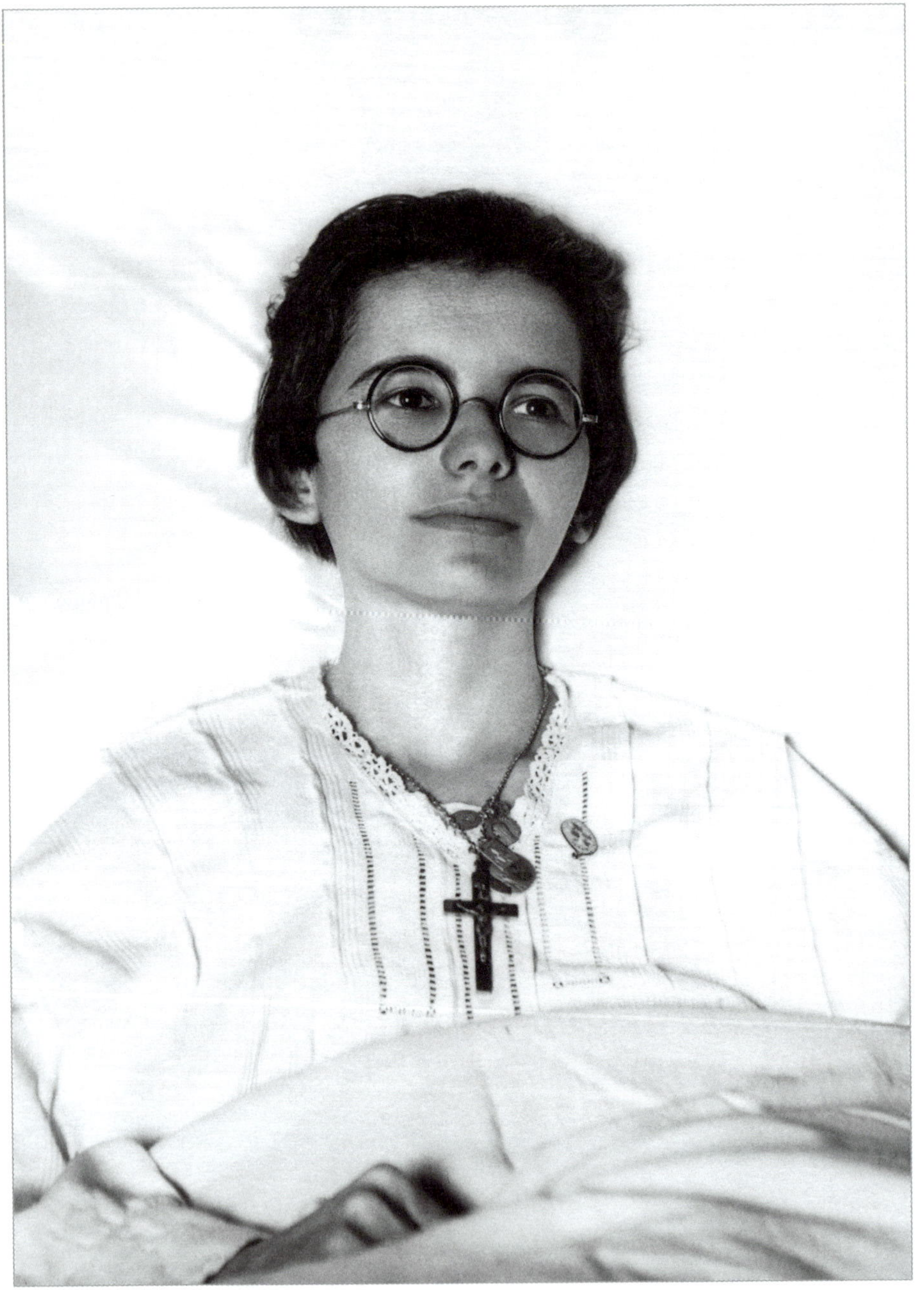

Marthe Robin à 28 ans.

La vie

Marthe Robin (1902-1981) nous conduit aux limites extrêmes de l'existence humaine sur des continents où nul n'est censé survivre, et plus loin encore, aux frontières de l'Être, là où elle connaît des expériences qui lui font approcher les secrets de la vie, parce que c'est là, en définitive, que se situe cette immense personnalité issue d'une modeste famille d'agriculteurs de la Drôme. Elle survit sans manger, ni boire, clouée au lit, dans une immobilité quasi totale, durant cinquante ans. Dans le même temps, elle fait des expériences mystiques extraordinaires, en revivant notamment, chaque semaine, la crucifixion de Jésus à Jérusalem… Son destin sans pareil stupéfie l'esprit et l'imagination.

Le philosophe Jean Guitton († 1999), que le pape François cite parmi « les grands penseurs » chrétiens français, et qui est une référence reconnue dans le domaine du paranormal religieux, a eu le privilège rare de la rencontrer seul à seul, et de lui parler de longues heures, dans cette chambre aux volets continuellement clos qu'elle ne quittait jamais, près de Châteauneuf-de-Galaure. « Ce fut sans doute, affirme-t-il, l'être le plus étrange, le plus extraordinaire, le plus déconcertant de notre époque. »

Dans ces conditions, la première obligation qu'il convient de s'imposer est de raison garder, même si le récit qui va suivre pourra sembler souvent déraisonnable. À tendre si haut, le regard fixe un horizon sans limites. Mais il est ramené aussi vers le bas, à l'échelle des simples choses humaines, qui sont celles de Marthe, et plus particulièrement dans les abîmes de la souffrance.

Sa vie fut, au sens propre, effroyable et merveilleuse : effroyable lorsqu'on essaie d'imaginer les épreuves terrifiantes qu'elle a traversées, et merveilleuse parce qu'elle fut illuminée d'une joie qui la rendait miraculeusement heureuse. C'est jusque-là qu'il nous faut essayer de la suivre, quoiqu'il ne soit guère aisé d'emprunter de tels chemins sans risquer de se fourvoyer ou de dénaturer celle-là même que l'on est en train de décrire.

Les mystiques, en communiant avec l'indicible, rendent toute communication sur eux problématique, et cet écueil est plus grand encore avec Marthe Robin qui est allée jusqu'à incarner le mystère dont sa vie rend compte.

L'éclosion
(1902-1918)

Le destin exceptionnel de certains êtres semble mystérieusement comme signalé par avance. C'est le cas de celui de Marthe Robin. La cacophonie qui entoure les circonstances de sa conception lève le voile de manière indirecte, inattendue et énigmatique sur la vie qui l'attend, en annonçant que rien, décidément rien, ne lui sera rendu facile.

Dès sa naissance, le 13 mars 1902, une rumeur enflamme le bal des commères du village : elle ne serait pas la fille de son père… Ce type de message prend très vite, comme nous le savons, les couleurs de la vérité, car il n'y a jamais, dit-on, de fumée sans feu ! Sa mère, Amélie-Célestine, aurait eu une liaison avec un ouvrier saisonnier employé sur la ferme voisine durant l'été précédent. Les mauvaises langues déblatèrent et crachent leur venin. Quelques-uns s'y laisseront prendre insidieusement, longtemps après sa mort, jusqu'à redonner vie à cette rumeur. D'autres pourront y voir comme un signe. N'y aurait-il pas là l'influence d'une *force* obscure, malfaisante et mensongère sur le thème central du *père* qui marquera toute sa vie ? N'est-ce pas le prélude aux influences négatives qui environneront son existence ? Celui qu'on appelle le Diviseur n'est-il pas déjà à l'œuvre à l'aube de sa vie ? On parlera tellement de lui plus tard que la suggestion n'est pas sans racine.

La famille Robin garde dans l'épreuve une dignité et une élégance rares. Le 15 mars, Joseph Robin déclare officiellement la naissance de sa fille à la mairie de Châteauneuf-de-Galaure. Elle sera baptisée le 5 avril, selon le rite de l'Église catholique.

Elle est le sixième et dernier enfant d'une famille composée de cinq filles et d'un garçon, Henri, de huit ans son aîné. Ne pas dire qu'un garçon, un bras de plus pour les travaux agricoles sur la petite exploitation familiale d'une dizaine d'hectares, n'était pas espéré serait mentir, mais ce souhait n'empêche pas que Marthe est accueillie avec un amour que rien ne vient ternir, et surtout pas ces allégations qui circulent sous le manteau.

Un autre choc attend la maisonnée quelques mois plus tard, en novembre 1903. La typhoïde s'invite à table avec l'eau polluée du puits familial. L'épidémie fait deux morts : Clémence, la plus jeune sœur de Marthe, et Jean Robin, le grand-père. Comme c'est le cas généralement, les plus touchés sont les plus fragiles. Marthe, qui n'est encore qu'un bébé, attrape la typhoïde à son tour, mais en réchappe.

Cette conjonction événementielle renvoie singulièrement à la question de sa survie. Marthe ne va-t-elle pas défier les lois les plus élémentaires de la médecine et de la physique en demeurant sans manger, ni boire durant des dizaines d'années ? Bien sûr, à ce moment-là, nul ne songe à pareille perspective.

La vie reprend son cours normal, une fois passé l'épisode de la typhoïde, dans cette famille chaleureuse du hameau des Moïlles, en ce lieu que l'on appelle curieusement « la Plaine », quoiqu'il se situe sur la hauteur, à 2 kilomètres au-dessus de Châteauneuf-de-Galaure. Le village doit son nom à la rivière, la Galaure, et au château qui fut reconstruit dans le passé (le château neuf), mais qui se trouve presque en ruine à l'époque.

Les sept cents habitants vivent de l'agriculture, mais aussi d'une petite industrie locale construite autour de moulins, d'une papeterie et d'une forge. Ce contexte sociologique a facilité l'émergence de relais favorables au courant réformiste de la IIIe République, en particulier d'une frange anticléricale qui ne verra jamais d'un bon œil ce qui se passera plus tard à la ferme des Robin.

Marthe a 2 ans lorsque l'enseignement aux congrégations religieuses est interdit en France (loi du 7 juillet 1904). Dix-sept mois plus tard, une autre loi (9 décembre 1905) instaure la séparation des Églises et de l'État. Un monde nouveau est en train d'émerger. L'enseignement et l'Église seront, pour elle, deux préoccupations centrales. Pour l'heure, rien ne la distingue des enfants de son âge.

Elle montre un tempérament vif, joyeux, convivial, tourné vers les autres et qui s'intéresse à tout.

Un contretemps survient au moment de sa première communion. La cérémonie est prévue le dimanche 14 avril 1912. Elle est malade ce jour-là – rien de grave, une simple rougeole, qui l'empêche de se déplacer pour aller à la messe et participer à la fête qui suit au village. Elle fera donc seule sa première communion, le 15 août suivant, en la fête de l'Assomption de la Vierge Marie. Elle a 10 ans. La maladie lui impose un agenda particulier. Ce sera le cas toute sa vie.

À l'instar de certains enfants, Marthe manifeste très tôt une attirance pour la prière. Elle a l'habitude de réciter le chapelet, notamment en allant à l'école. Cette piété ne doit rien au climat familial où cette pratique n'est pas très développée. Ses sœurs, au début, la laissent faire, mais très vite l'en dissuadent. Sans doute craignent-elles ce genre de différence qui vous fait montrer du doigt dans un village. « Elles ne voulaient pas que je prie tout le temps, alors je priais surtout dans mon lit », se souvient-elle. Le conflit est évité. Il n'y aura pas de polémique. Marthe continue à prier en mettant la main dans la poche pour égrainer discrètement les *Ave* sur son chapelet. Elle s'adapte sans que ce soit une preuve de faiblesse. Il y a là un trait profond de son caractère.

« Je voyais Dieu partout », dira-t-elle plus tard en parlant de sa prime jeunesse. Ce n'est pas pour autant une illuminée. Ses proches décrivent une jeune fille plutôt extravertie, équilibrée, gaie et parfaitement intégrée. Dieu, pour elle, n'est pas un rêve pieux. Il est, en quelque sorte, présent autour d'elle. Elle en a le sentiment. Ce goût et cette sensibilité au religieux sont une dimension centrale et une disposition native de sa personnalité.

Son cursus scolaire est normal. Ses bulletins de notes la situent dans la moyenne de sa classe. Et si elle n'a pas obtenu le certificat d'études, c'est encore parce qu'elle est malade le jour de l'examen. Ce nouvel impondérable l'empêche de passer les épreuves. Nul n'y prend garde et ne s'en émeut dans la mesure où l'obtention de ce diplôme importe peu. Ses études se terminent à l'été 1915, à la fin du cours complémentaire. Ainsi en décident ses parents. On a besoin d'elle à la ferme. L'Allemagne a déclaré la guerre à la France le 3 octobre précédent, mais son frère Henri n'a pas encore été appelé sous les drapeaux ; ce n'est donc pas pour cette raison que la décision a été prise, mais peut-être en prévision.

Marthe a 13 ans. Le changement se fait apparemment sans regret. Elle se plaît dans sa nouvelle vie. Il est vrai qu'elle n'aime pas récriminer pour rien. De cette rupture avec l'école, elle ne se plaindra jamais. Rien ne laisse penser qu'elle se sent contrainte de vivre à la ferme comme certains fils et filles de la campagne qui rêvent d'autres horizons. Elle aide là où on la demande, dans les champs ou à l'étable. Elle est heureuse parmi les siens et le restera toujours, malgré les bouleversements qui modifieront le cours de son existence. Elle se sent bien à la Plaine. C'est incontestable. Elle y respire, si l'on ose dire, l'air des grands espaces. « Du peuplier, on voit le quart de la France », constate-t-elle en parlant de l'arbre qui se situe en haut du champ, sur la hauteur. La vue y est effectivement remarquable. Mais déjà, elle voit loin...

Pour autant, le paysage alentour n'a rien d'exceptionnel. Il est d'une simplicité toute campagnarde avec ses prés et ses champs cultivés. En observant son environnement quotidien, Marthe a le sentiment d'une force et d'une grandeur. Elle possède ce sens cosmique et tellurique que l'on trouve à un haut degré chez la plupart des mystiques.

Son attachement à la ferme et à son milieu familial doit aussi beaucoup à l'affection profonde qu'elle porte à sa mère. Une anecdote en montre bien la portée. Quand Amélie-Célestine Robin est alitée à cause d'une maladie, Marthe confie : « Je ne pouvais pas la quitter même pour aller en classe. » Il ne faut pas voir dans cette attitude le signe d'une sensiblerie futile ou l'émotion superficielle d'une fillette craintive qui se réfugie dans les jupons de sa mère ! L'attachement qui lie la mère et la fille est profond. Il a quelque chose de viscéral.

Par ailleurs, Marthe continue à développer une personnalité forte et équilibrée, entière et généreuse, débordante de gentillesse et de bonheur de vivre, de vie et d'énergie, de compassion et de sensibilité à fleur de peau, comme en témoignent ces larmes qui coulent facilement à l'occasion. Rien, dans tout cela, ne laisse présumer l'avenir qui l'attend, à tel point que cette période initiale apparaît finalement comme une parenthèse.

La ferme des Robin au début du XXe siècle.

Le changement (1918-1927)

Marthe a 16 ans. Nous sommes en 1918. L'armistice entre la France et l'Allemagne sera signé le 11 novembre. Cet été-là, elle souffre de maux de tête et de poussées de fièvre, accompagnés de vomissements fréquents qui l'empêchent de tenir normalement sa place à la ferme. Elle va consulter un certain docteur Sorlin à Saint-Vallier, la ville la plus proche, située à une quinzaine de kilomètres.

Le traitement prescrit ne donne aucun résultat. Les mêmes symptômes continuent à se manifester pour atteindre un pic le 1er décembre 1918, lorsque Marthe tombe subitement dans la cuisine, en présence de sa mère. Elle ne peut se relever. Elle est inconsciente.

À l'évidence, elle est au plus mal. Le docteur Berne est appelé. Cette fois, il se déplace à la ferme des Moïlles. Le curé du village est prévenu à son tour. La malade reçoit l'extrême-onction, sacrement que l'on réserve à l'époque à ceux qui sont en danger de mort imminente.

Finalement elle sort du coma. Son état s'améliore. Elle retrouve l'usage de ses jambes. Certes, elle continue de souffrir par moments de céphalées insupportables, mais le pire semble évité. Elle va mieux. Chacun se persuade qu'elle est guérie. Qui aurait pu penser aux premiers signes d'un *état* (employons ce mot faute d'un diagnostic médical précis) qui va totalement et radicalement bouleverser le cours de son existence ? La maladie a planté ses griffes dans un corps qu'elle ne lâchera plus.

Son physique va progressivement l'abandonner. Cette période s'étend environ sur dix ans. Année après année, sa santé se détériore. Marthe lutte et s'accroche, comme on le dit familièrement, avec toute la volonté qui est la sienne et elle est immense, et aussi avec cette fougue de la jeunesse qu'elle veut retrouver. Ses parents tirent dans le même sens et n'auront de cesse de consulter les médecins des environs pour la soulager et la guérir.

Les trois années qui suivent (1919-1921) témoignent de la lutte que mène son petit corps malade. Marthe se trouve dans une sorte d'état de léthargie. On parlera tour à tour de méningite, de tumeur cérébrale, d'épilepsie… Des noms qui sonnent de manière inquiétante aux oreilles de Joseph et d'Amélie-Célestine Robin. Mais voilà que la situation paraît évoluer favorablement au cours du printemps 1921. Un mieux sensible se confirme. C'est alors qu'un événement mystérieux intervient dans la nuit du 9 au 10 mai 1921.

Alice, la sœur aînée qui couche dans la même chambre que Marthe, est réveillée en pleine nuit par « un grand bruit ». En ouvrant les yeux, elle est éblouie par « une grande lumière ». Elle questionne aussitôt Marthe pour vérifier qu'elle n'est pas en train de rêver ou victime d'une hallucination ! « Oui, la lumière est belle, lui répond Marthe, mais j'ai vu aussi la Sainte Vierge. » Ces quelques mots lui ont échappé dans le feu d'une vision éblouissante, partiellement partagée avec sa sœur à qui elle se confie spontanément.

Elle a 19 ans C'est la première apparition dont elle bénéficie, la première d'une très longue série qui ne cessera qu'à sa mort, soixante ans plus tard. La présence et le témoignage de sa sœur confortent la réalité d'un phénomène qui s'est déroulé à l'intérieur de la chambre. Plus tard, Marthe dira, en empruntant au langage des mystiques, qu'elle a vu la Vierge Marie « avec les yeux du corps », c'est-à-dire vraiment dans son environnement. Elle n'en dira pas plus. Par la suite, Alice précisera que c'était « une lumière blanche, intense, magnifique… ». Alice et Marthe sont sous le choc de la stupeur et de l'émerveillement qui les ont saisies. On ne peut guère suspecter l'entourage familial d'avoir suscité un climat favorable à un délire mystique. Le père et la mère sont surpris, mais ne se moquent pas. Ils comprennent que leurs filles ne plaisantent pas. Quand on demandera plus tard à Amélie-Célestine si elle croit aux apparitions, elle répondra invariablement : « La Sainte Vierge apparaît à Marthe dans sa chambre, mais moi quand j'y vais, je ne la vois pas. » Elle réagit aux phénomènes surnaturels qui se manifestent autour de sa fille avec un bon sens et un équilibre remarquables.

Dans cette nuit de mai 1921, le mois consacré à la Vierge Marie chez les catholiques, une porte s'est ouverte qui ne se refermera pas. Tel est le destin des grands mystiques de ne pas s'arrêter en cours de route, de suivre la voie qui leur est proposée sans y mettre d'obstacles. De cela, Marthe, pour l'heure, n'a absolument pas conscience.

Elle continue à se soigner car elle espère retrouver une vie normale. On la voit marcher avec des béquilles ou une canne. Elle refuse d'être un poids pour sa famille. Elle s'adapte et se rend utile dans la mesure du possible en gardant les bêtes dans les champs faute de pouvoir y travailler, ou plus souvent en réalisant des travaux de broderie, dans lesquels elle excelle. Les commandes affluent.

Le 15 août 1921, elle fait un pèlerinage au sanctuaire de Notre-Dame de Chatenay, près de Lens-Lestang, à 10 kilomètres de Châteauneuf-de-Galaure, et un autre, le 8 septembre, à Notre-Dame de Bonnecombe, non loin de Hauterives. Elle rend, en quelque sorte, visite à la Vierge Marie qui est venue la voir deux mois plus tôt.

Sa *vie intérieure* est, dès cette époque, d'une extrême richesse, mais elle n'en parle pas. Un jour, elle confie qu'elle aimerait devenir carmélite, comme sainte Thérèse de Lisieux. Quand il a connaissance de ce projet, son père n'est pas enchanté. Il ne veut pas *perdre* sa fille.

Il n'y aura pas de conflit. La mauvaise santé de Marthe ne lui permet pas d'aller au bout de sa démarche. Son activité est de plus en plus réduite. Elle a le temps de lire et ne s'en prive pas en dévorant toutes sortes d'ouvrages empruntés à la bibliothèque paroissiale, principalement des livres religieux. Et surtout, elle continue à prier dans la solitude que lui réserve son *état* de malade.

Les curés des villages alentour, et celui de Châteauneuf-de-Galaure, l'abbé Faure, se méfient de cette jeune fille si singulière. Ils prennent leur distance. Sa santé en dents de scie les questionne. Et puis il y a cette apparition dont on parle… Que se passe-t-il vraiment à la ferme des Robin ? Qu'en est-il de l'état psychique de Marthe ?

Certains villageois sont plus directs. Sous le manteau, elle est traitée de folle, d'affabulatrice, d'hystérique ! Encore des rumeurs ! Les gens malintentionnés ne manquent pas d'imagination. Heureusement, Marthe garde quelques amies fidèles qui viennent lui tenir compagnie, et une famille qui l'entoure chaleureusement et restera toujours pour elle d'une grande importance.

Marthe pressent, à l'aube de ses 20 ans, que son corps en quelque sorte l'abandonne. Voilà cinq ans que dure cet *état* qu'aucune médecine ne parvient à juguler. Certes, il y a des hauts et des bas, mais les hauts sont toujours moins hauts, et les bas toujours plus bas ! Le 11 novembre 1921, pour la dernière fois, elle se rend à pied à Châteauneuf-de-Galaure pour assister à la messe. Dorénavant, il lui faudra prendre la charrette conduite par son père.

Quelques semaines plus tard, elle confie : « J'ai compris que le Bon Dieu m'appelait à une vie sacrifiée. » Cette réaction n'est pas le fruit d'une neurasthénie pieuse, mais une intuition fulgurante ! Marthe ne sait pas jusqu'où tout cela va la mener. Il y a d'un côté sa vie intérieure tournée vers Dieu, et de l'autre sa vie extérieure qu'elle subit comme un toboggan sur lequel elle glisse sans pouvoir arrêter sa chute.

Une évolution se dessine. Une initiation est en cours, mois après mois, année après année, par et à travers la maladie et la prière. Marthe n'a pas encore pleinement compris qu'un double processus de déconstruction (son corps qui l'abandonne) et de construction (son âme qui se dilate) est en cours.

Un jour de 1922, en feuilletant un livre, elle tombe par hasard, il serait plus juste de dire *providentiellement*, sur cette phrase : « Tu cherches la joie, le calme, la douceur ; c'est à la souffrance qu'il faut te préparer. » Elle a soudainement le sentiment que le conseil s'adresse à elle. « Pour moi, ce sera la souffrance », songe-t-elle.

Les mois passent et les maux de tête reviennent de façon récurrente, accompagnés de douleurs dans le corps entier. En octobre 1923, elle fait à Saint-Péray,

Marthe Robin à 24 ans.

en Ardèche, une cure réservée aux rhumatisants. À son retour, son état empire. Elle ne se déplace presque plus et passe son temps dans un fauteuil, face à la fenêtre de la cuisine. Elle mange de moins en moins, ce qui inquiète ses proches quand ils constatent qu'elle ne se nourrit plus guère que de fruits et d'eau. En 1924, sa sœur Alice se marie. Un de ses repères familiers s'en va. Aussitôt, sa mère vient coucher dans la chambre de sa fille. Marthe ne sera jamais seule durant la nuit.

Une de ses nièces, qui se souvient de ses visites à la ferme pendant cette période, témoigne : « Elle me questionnait sur tout, sur ma vie, sur ce que je faisais, elle s'intéressait à tous les sujets. » Marthe possède une véritable soif de se tenir informée de ce qui se passe. Il en sera toujours ainsi.

En juin 1925, elle accepte « la place gratuite » que lui offre le curé du village pour participer au pèlerinage diocésain des malades à Lourdes. Or une autre malade d'un village voisin souhaite faire ce pèlerinage et n'en a pas les moyens. Marthe lui donne sa place. A-t-elle renoncé à demander à la Vierge Marie une guérison qui la fuit maintenant depuis sept ans ?

Le 15 octobre de cette année-là, elle écrit un « acte d'abandon » à Dieu. Le geste n'est pas exceptionnel. À l'époque, des personnes pieuses promettaient ainsi dévotion et fidélité au Seigneur. Le texte commence ainsi : « Seigneur, mon Dieu, vous avez tout demandé à votre petite servante ; prenez donc et recevez tout. En ce jour, je me remets à vous sans réserve et sans retour. Ô le bien-aimé de mon âme ! C'est Vous seul que je veux et pour Votre Amour, je renonce à tout. » Plus tard, elle le déchira en pensant sa mort prochaine, mais une copie a été faite entre-temps par le curé de Saint-Uze, un village voisin. Ces lignes sont prémonitoires.

Peu à peu, son *état* continue d'empirer. Elle note au cours du premier trimestre 1927, alors qu'elle a 25 ans : « Je garde, du moins en partie, l'usage de mes bras et de mes mains, quoique ces dernières soient devenues bien maladroites [...]. Je me sens écrasée au physique comme au moral. Tout m'angoisse et m'accable [...]. Il me semble que je ne suis plus qu'une toute petite chose dans les bras de Dieu et que je vais rester ainsi jusqu'à ma mort. » De sombres pensées l'envahissent parfois. Elle n'en laisse rien paraître. Elle ne se plaint jamais. Elle confie : « On apprend à aimer et on n'aime vraiment que dans la souffrance et par la souffrance, car l'amour s'édifie non dans les délices humains de la vie présente, mais dans le dépouillement et le renoncement de soi et sur la Croix. » Ces lignes qui semblent inspirées d'une pieuse lecture manifestent une vraie prise de conscience. « Monter, écrit-elle encore, c'est tout dépasser et se dépasser sans cesse... C'est tout donner, tout sacrifier pour Dieu et par Amour. » Marthe le pense et le vit. La maladie n'est pas seulement une épreuve ; c'est une occasion à saisir.

Pour l'heure, sa mort semble inéluctable. Le 3 octobre 1927, elle tombe à nouveau dans le coma à la suite d'hémorragies qui se manifestent à la fois par des hématémèses (vomissements de sang), des hématuries et des méléna̋s (sang dans les urines et les selles). Selon les médecins, son décès est imminent. Le curé du village lui administre l'extrême-onction pour la deuxième fois. Trois semaines plus tard, elle reprend connaissance. Elle confie qu'elle a « vu » trois fois sainte Thérèse de l'Enfant-Jésus. La carmélite de Lisieux († 1897), béatifiée en 1923 et canonisée en 1925, lui a annoncé qu'elle ne va pas mourir et qu'elle sera chargée d'une mission qui s'étendra au monde entier. « Je crois que je ne vais pas mourir », constate-t-elle. L'instant est décisif.

Une vie l'attend que rien ne laisse envisager. Elle ne va pas mieux. Le désarroi de Joseph Robin est tel qu'il cloue une croix sur la porte d'entrée de la ferme, comme on le faisait autrefois à la campagne pour faire fuir les mauvais esprits. Marthe a 25 ans. Tel est le roman noir apparent d'une vie qui continue de s'étioler et semble se consumer inéluctablement pour s'éteindre bientôt.

Les années décisives (1928-1932)

Durant le mois de mai 1928, Marthe ne se lève plus comme elle le faisait encore au cours des mois précédents, pour passer quelques heures dans un fauteuil. Elle ne quitte plus son lit. Ses jambes sont repliées au niveau des genoux sous les cuisses dans une position si inconfortable qu'elle décide de se faire construire un lit sur mesure. Elle passe commande dans une lettre du 2 juillet 1928 adressée à une cousine qui sert d'intermédiaire avec l'ébéniste : « Je voudrais, précise-t-elle, que l'on mette des dossiers de 45 à 50 cm de haut à cause de mes reins malades ; largeur 90 ou 80, si l'on ne peut faire 90, mais pas moins large, surtout à cause de mes jambes repliées : il me faut cela… Je veux également que l'on y mette quatre roulettes… » Elle indique le prix souhaité : 600 francs. Elle vivra dans ce lit-divan jusqu'à sa mort à l'âge de 79 ans. Tel est désormais son habitat, sur quelques mètres carrés, l'espace de sa cellule.

À la fin de cette année-là, deux prêtres, le père Jean et le père Marie-Bernard, de l'ordre des

Capucins, sont dans la région pour une série de conférences sur la foi catholique. Ils rendent visite à Marthe qui se confie à eux, comme elle ne l'a jamais fait jusqu'ici, en leur parlant de ses expériences mystiques.

La chambre de Marthe Robin.
© Les Foyers de Charité

Sa solitude, propre à tant de mystiques, est brisée d'abord parce qu'elle reçoit, pour la première fois, des réponses aux questions qu'elle se pose depuis tant d'années, ensuite parce que les deux capucins sont allés voir le curé du village pour lui dire : « C'est une sainte que vous avez là ! » Et l'abbé

Faure, à partir de ce moment-là, s'est rapproché de Marthe et l'a aidée malgré les difficultés qu'il avait à appréhender le vécu de cette paroissienne pas comme les autres.

Les deux prêtres proposent à Marthe d'entrer dans le Tiers Ordre de Saint-François, ce qu'elle accepte. La cérémonie a lieu le 2 novembre 1928, dans sa chambre.

La nuit suivante, une étrange manifestation se produit. Célestine Robin qui dort dans le lit voisin est réveillée en sursaut. « Je ne sais pas ce qui s'est passé, témoigne-t-elle, mais Marthe a poussé un cri épouvantable ! » Aussitôt, Mme Robin allume une lampe (l'électricité a été installée cette année-là à la ferme) et découvre que sa fille a deux dents cassées. Marthe confiera plus tard à une amie qu'elle a été agressée « par le diable ». C'est la première intervention de cette force obscure qui ne cessera d'agir de façon plus ou moins spectaculaire dans son environnement.

Au début de l'année suivante, la paralysie des membres inférieurs et supérieurs est totale. Les jours, les semaines, les mois passent… La situation n'évolue pas. Marthe ne bougera jamais plus les jambes, ni les bras. Elle est tout à fait incapable de se déplacer.

Le 2 février 1929, elle perd subitement l'usage de ses mains. Sur le moment, elle préfère garder le dé à coudre à son doigt. Elle espère que c'est passager. Au bout d'une huitaine de jours, elle dit à sa mère : « Tu sais, tu peux m'enlever le dé, maintenant. » Cette simple scène, tirée de sa vie la plus quotidienne, en dit long sur son renoncement à la fois paisible, poignant et admirable.

Au cours de l'année 1930, les muscles de la déglutition sont, à leur tour, paralysés. Depuis quelques années déjà, elle se nourrissait de moins en moins, au point que ses parents s'en inquiétaient. Elle est désormais incapable d'absorber le moindre aliment ou de boire. Là aussi, les jours, les semaines, les mois passent... Marthe survit sans s'alimenter, ni s'hydrater. Cette situation absolument inimaginable va durer plus de cinquante ans. Célestine et Joseph Robin ne sont pas du genre à en rajouter et on ne peut pas les suspecter d'une quelconque manipulation. Ils sont effondrés, pour ne pas dire désespérés. « Voyez ma pauvre petite dans quel état elle est », dit Célestine aux rares visiteurs auxquels elle se confie. Quant au père, on le voit pleurer en murmurant : « Pourtant elle n'a rien fait de mal. » En même temps, une sorte de fatalité se met en place dans les esprits : les médecins ne pourront plus rien pour elle.

Nous sommes parvenus au terme d'une évolution qui aura duré une dizaine d'années. Le changement – on pourrait presque parler d'une mutation – a été progressif. Bientôt, Marthe Robin est incapable de bouger le cou. Seules certaines parties de son corps demeurent mobiles : les yeux, la langue... Cette paralysie quasi générale et l'immobilité qui en résulte ont pu la faire comparer à une statue vivante, quoique son corps soit agité, à l'occasion, de soubresauts, de tressaillements, voire de mouvements furtifs et incontrôlés. Elle ne trouve plus le sommeil. Elle ne dort pas. Ses nuits sont occupées par la prière et les extases mystiques.

Cet *état* s'accompagne de souffrances insupportables. La douleur est omniprésente. « Quand finira mon martyre ? s'interroge-t-elle. À vivre ou mourir, je m'abandonne bien que ce soit la mort que j'envie et non la vie. » On ne saurait être plus clair : elle accepte de souffrir, mais préférerait mourir. Elle se dit « enveloppée dans une mélancolie profonde et le vif sentiment de son inutilité ». « Le plus douloureux et le plus coûteux pour moi, précise-t-elle, c'est l'inaction absolue. Quelle souffrance pour moi qui étais restée si active dans la douleur ! Être incapable quand il serait si bon d'agir, d'aider, de seconder, de soulager. » Marthe pense à tout ce qu'elle pourrait faire à la ferme et pour les autres. « Ah ! Je comprends le découragement, l'irritation, la révolte même dans l'épreuve pour ceux qui n'ont pas la foi ! » Elle se compare à « une plaie toujours saignante ». Telle est la toile de fond d'une vie disloquée, fracassée… « Tout m'ensanglante, dit-elle encore, mais j'accepte avec ardeur de continuer mon pèlerinage sur la terre. » Elle demeure sur son lit de souffrances. Elle y est plaquée et comme réduite en miettes. Douleur et souffrance lui proposent un combat qu'elle ne veut pas fuir. Son cap, quoi qu'il advienne, c'est la confiance qu'elle met en Dieu. « J'ai osé, j'ai choisi le Christ Jésus, pour maître, pour modèle unique et parfait », affirme-t-elle.

Par une alchimie mystérieuse, sa souffrance s'accompagne d'un bonheur incomparable. « Je suis quelquefois étonnée, constate-t-elle, qu'au milieu de tant de souffrances, ma vie soit si étrangement, si mélancoliquement belle. » Il existe un versant ensoleillé de son existence. Elle se trouve plongée dans une joie débordante. « Je vibre d'allégresse, confie-t-elle à son journal intime. Plus que d'habitude, je me sens pleine de vie surnaturelle, de vie divine, toute possédée, envahie par elle. » Elle découvre d'autres territoires, d'autres dimensions, d'autres espaces : « Je demeure sur terre, mais c'est déjà dans le ciel que je vis, affirme-t-elle. Ah ! Le ciel, comme il est près, et comme il est loin. » Vient l'heure de dresser un premier bilan. « Tout mon être a subi, note-t-elle à la fin de l'année 1930, une transformation aussi mystérieuse que profonde. Mon bonheur actuel sur mon lit d'infirme est profond, durable parce que divin. » Sa vie apparemment chaotique a un sens, c'est-à-dire une direction. « Je pense à la route parcourue depuis le début de ma maladie, il n'en ressort que de l'amour, de la reconnaissance envers Dieu si miséricordieux et si bon. Quel travail, quelle ascension Dieu a opérés en moi ! » Cette initiation a commencé en 1918, c'est-à-dire au « début de sa maladie », il y a maintenant douze ans. « Mais que de soubresauts de cœur, ajoute-t-elle, que d'agonie de volonté il faut pour mourir à soi… »

Les douleurs qu'elle ressent sont celles d'un enfantement. Elle est, en quelque sorte, en train de naître en « mourant à elle ». Mort et joie, amour et souffrance forment la quadrature du cercle de sa vie mystique. « Qu'il fait bon passer du monde visible au monde invisible, répète-t-elle. Attacher ses yeux sur ce Dieu d'amour tout ruisselant de lumière, le contempler resplendissant de gloire et de beauté. » Elle fait état, comme les grands mystiques, de « l'union intime de son âme avec Dieu ». Et d'ajouter : « Dieu en nous et Dieu à nous… Voilà tout le ciel. » Elle décrit un univers de feu et de lumière, de beauté et d'amour. « Je m'enfonçais, toujours et toujours, dans la mer de feu, qui à mesure devenait aussi plus intense. Un attrait, une flamme montait, montait en moi, en même temps que je me sentais attirée vers une lumière, quelque chose d'inconnu et ceci avec une telle puissance, un tel imprévu, qu'il me semblait que j'entrais comme en Dieu, tout mon être abîmé, noyé dans cet océan de beauté, de sainteté et de tout amour. » Il ne fait pas de doute que Marthe traverse ces événements extraordinaires avec recul et sagesse, contrairement à ce qui se passe dans les cas d'hystérie ou d'autosuggestion. Elle garde une lucidité qui ne laisse pas d'étonner. Une discrétion aussi. « Je n'ai pas sommeil, je n'ai pas faim, je n'ai pas soif. Je ne suis affamée et avide que d'aimer, que de souffrir et travailler pour Dieu », dit-elle simplement.

C'est dans ce contexte qu'elle fait une nouvelle expérience mystique qui va bouleverser sa vie. Elle revit la passion du Christ, c'est-à-dire sa crucifixion à Jérusalem, alors assure-t-elle qu'elle « n'avait jamais entendu parler » d'une telle possibilité. Un jour, au cours d'une apparition où elle « voit un dard qui sort du cœur de Jésus » et se divise « en deux rayons », comme elle l'a raconté à Jean Guitton, elle reçoit dans son corps « les stigmates », c'est-à-dire les blessures faites à Jésus aux mains, aux pieds, au crâne et à la poitrine. Ses deux mains sont percées « pour ainsi dire de l'intérieur » par ce « feu », cette « lumière rouge sombre ». Jésus lui demande ensuite « d'offrir ses pieds », ce qu'elle fait. Le même processus se déroule. Puis c'est au tour de sa poitrine, au niveau du cœur, d'être percée « encore plus intensément » par ces mêmes rayons. « Cela va tellement vite, dit-elle, qu'on est pris de vertige. On ne peut pas résister. On se disloque... » Ce phénomène dure « plusieurs heures ». Elle a l'impression d'être « presque évanouie », ce qui signifie qu'elle garde tout de même une certaine conscience du monde *réel*. Finalement, les « traits de feu disparaissent soudain ». Alors « Jésus m'invite, poursuit-elle, à recevoir la couronne d'épines. Il la place sur ma tête en pressant très fort ».

« Dès le début, j'ai compris que c'était pour toujours », confie-t-elle à Jean Guitton. Marthe va revivre ainsi chaque semaine la mort de Jésus sur la Croix. Au début, Célestine Robin est effrayée de découvrir des traces de sang et des blessures sur le corps de sa fille. Elle les nettoie. Elle constate sans se l'expliquer ce qui se déroule sous ses yeux. Le curé du village essaie de la rassurer et se rend, tous les vendredis, à la ferme, afin de ne pas la laisser seule. La nouvelle fait le tour du village. On parle à présent de « la stigmatisée » qui vit à la ferme des Robin. Certains se moquent, d'autres l'admirent, d'autres encore s'interrogent... Dorénavant, la vie de Marthe Robin s'organise autour de « la passion du vendredi » et des apparitions dont elle continue à bénéficier. Son entourage, que ce soit sa famille ou le curé du village, la préserve de tout excès ou débordement en l'entourant d'un silence protecteur. De ses visions et extases au cours desquelles elle fait de merveilleuses expériences, elle ne parle pas.

Depuis trois ans, elle survit sans manger, ni boire... Pourtant, le 9 février 1932, elle s'interroge une énième fois : « Mon Dieu me laissera-t-il encore longtemps à vivre ? » Et de répondre : « Il ne me le semble pas. » Elle s'interroge sur sa longévité. Cependant, Marthe a eu déjà une réponse à ce questionnement lancinant et récurrent quand sainte Thérèse de Lisieux lui a dit en 1927, soit cinq ans plus tôt au cours d'une vision, qu'elle serait chargée d'une mission. L'heure est venue. Au cours d'une nouvelle apparition, Jésus lui annonce qu'il l'a choisie pour « la grande Œuvre de [son]

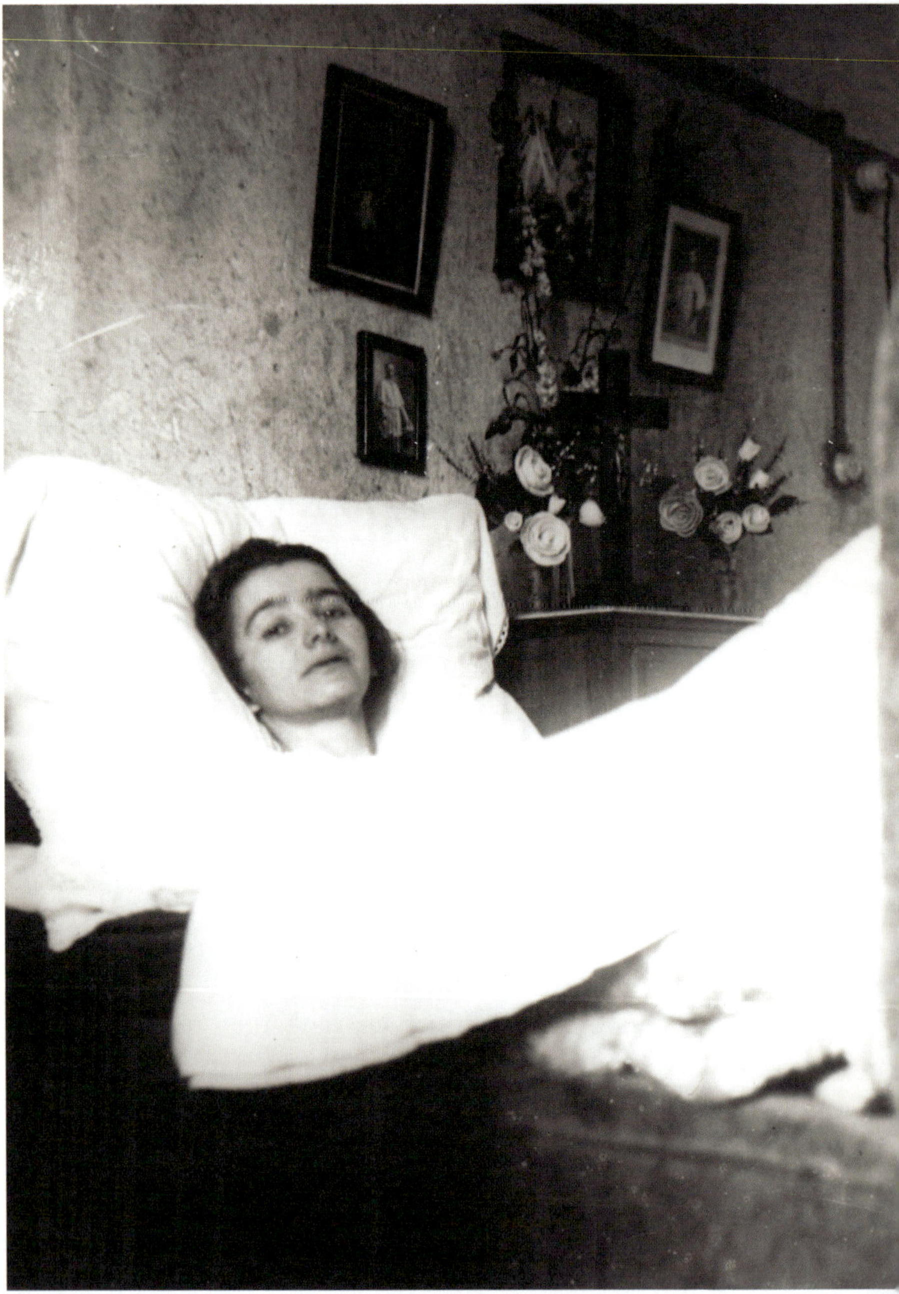

Marthe Robin à 30 ans.

amour ». Il ajoute en désignant Châteauneuf-de-Galaure : « Je veux faire ici quelque chose de très grand. » Il n'est plus question de mort prochaine !

Clouée à son lit de souffrances et alors qu'elle semble incapable de quoi que ce soit, comment imaginer qu'elle entre dans la phase active de son existence ? Marthe a 31 ans. Elle a un avenir : participer à cette « Œuvre » de Dieu. « Étendre sur la terre le règne de la Vérité et de l'Amour, voilà il me semble ma mission », résume-t-elle. Sa réponse est sans demi-mesure : « Mon Dieu, je voudrais vous gagner le monde entier. » La meilleure manière de s'y prendre ? « Ma mission est de montrer au monde que Dieu nous a aimés jusqu'à la folie. »

La mise en place (1933-1951)

L'apprentissage de Marthe Robin est terminé. Maintenant qu'elle est incapable de quitter son lit, de manger, de boire, de lire, d'écrire…, elle est prête pour une vie nouvelle ! Au cours d'une apparition, Jésus lui annonce la mission qui sera la sienne. Elle parle au père Faure, le curé du village, des révélations que Jésus lui a faites. Elle souhaite en garder une trace et lui en dicte le récit. Le document qu'elle appelle « la petite feuille » est rangé dans l'armoire de sa chambre.

La nécessité d'ouvrir « une école » à Châteauneuf-de-Galaure figure parmi les priorités énoncées par Jésus. Marthe en confie le soin au père Faure qui prend l'avis des prêtres de l'endroit. L'idée paraît peu raisonnable, pour ne pas dire utopique. D'où viendra l'argent nécessaire à l'investissement initial ? Les dix-sept curés du canton, sauf un, ne croient pas que le projet soit viable. Nonobstant l'incrédulité générale et l'immensité de la tâche, le père Faure se met au travail. Des fonds sont réunis grâce à la générosité de quelques-uns. L'ancien château est acheté. Il abritait, dans son dernier usage, un dancing qui a fait faillite. Le bâtiment est partiellement tombé en ruine, mais avec ce qu'il en reste et moyennant quelques travaux, il est possible d'abriter une classe. Le père Faure transcrit, dans le petit journalier qu'il tient, à la date du 11 mai 1934, cette prière de Marthe : « Mon Dieu, faites que nous puissions ouvrir l'école pour vous faire aimer, où tous les enfants apprendront à vous connaître et à vous aimer. » Des bénévoles se font connaître. Finalement, « l'école » (privée catholique), réservée aux filles, ouvre en octobre 1934 avec sept élèves. C'est la première pierre de « l'Œuvre ». Il y aura dix-huit élèves l'année suivante.

Lors de cette même apparition, Jésus annonce à Marthe qu'elle recevra le soutien d'un prêtre. Le curé du village ne se sent pas prêt pour cette tâche. Il confie même à une personne venue de Lyon qu'il est « effrayé » à l'idée de « ce projet monumental » et ajoute : « Il faudrait trouver quelqu'un capable de prendre ma place auprès de Marthe. » Le sujet parvient aux oreilles des sœurs du Cénacle de Lyon, qui songent au père Georges Finet, le sous-directeur de l'enseignement catholique au sein du diocèse, homme dynamique s'il en est, et remarquable orateur. Comment les faire se rencontrer ? L'occasion est donnée lorsque Marthe commande à une artiste lyonnaise un tableau de « Marie Médiatrice ». Le père Finet accepte, à la demande des religieuses du Cénacle, de l'apporter à Châteauneuf-de-Galaure. Le 10 février 1936, il est sur place. L'abbé Faure, après avoir réceptionné la commande, lui propose d'aller voir Marthe. Le père Finet est-il venu avec l'espoir de rencontrer cette jeune paysanne dont la réputation de stigmatisée est remontée jusqu'à Lyon ? Très certainement. Le père Faure pense-t-il que son visiteur pourrait le remplacer ? Vraisemblablement. Cette première rencontre est décisive. Elle va durer près de trois heures.

En le voyant, Marthe « reconnaît » aussitôt le prêtre dont Jésus lui a annoncé la venue et qu'elle a « aperçu » lors d'une vision de l'effondrement d'une partie la colline de Fourvières, six ans plus tôt. Le père Finet est stupéfait – et restera très marqué – par ce que lui dit Marthe à ce propos, notamment en décrivant son comportement lors du drame. Elle a bien « vu » et « entendu » ce qui se passait à Lyon pendant qu'il participait aux secours alors qu'elle se trouvait à Châteauneuf-de-Galaure. Certains détails ne sont connus que de lui seul. N'est-ce pas le signe que ce qu'elle dit vient de Dieu ? s'interroge-t-il. Il est bouleversé. Marthe va droit au but. Elle lui demande, ce jour-là, de venir participer à « l'Œuvre » voulue par Jésus. Il s'agit, lui dit-elle, de regrouper des laïcs autour d'un prêtre pour vivre ensemble, comme dans « une famille ». Ce prêtre en sera « le père » et ces « Foyers de Charité, de Lumière et d'Amour » serviront de points d'ancrage à un élan missionnaire, sous le sceau d'une « nouvelle Pentecôte d'Amour » – une effusion de l'Esprit comme les premiers disciples de Jésus l'ont reçue –, et qui accompagnera le « renouvellement de l'Église ». Le père Finet est désigné comme le futur « père » du Foyer qui devra être créé à Châteauneuf-de-Galaure. À ce Foyer sera attachée, précise-t-elle, l'école de filles ouverte trois ans plus tôt. Le « père » donnera « des retraites » spirituelles qui se tiendront « dans le silence ». La première aura lieu sept mois plus tard, affirme-t-elle avec une singulière assurance. Le calendrier est fixé !

Le père Finet à la ferme des Robin.

Entendre une laïque, qui plus est une femme (la nuance n'est pas sans importance à cette époque), parler avec une telle autorité... On imagine l'étonnement, pour ne pas dire la stupéfaction, du prêtre. Sa réponse se veut prudente. Il fait valoir les difficultés qu'il va rencontrer, car il a des fonctions importantes et prenantes au sein de l'Église lyonnaise. Marthe insiste. Tous les obstacles seront finalement levés grâce à l'accord du cardinal de Lyon. La retraite aura lieu du 7 au 13 septembre 1936, exactement à la date prévue, « au château ».

Trente-trois femmes et jeunes filles la suivent. Parmi elles, deux enseignantes qui vont abandonner leur poste pour rejoindre quelques jours avant la rentrée la nouvelle école de Châteauneuf-de-Galaure, avec l'aval de Marthe qu'elles sont allées visiter. Elles vivront sur place, au château. Elles sont considérées comme les deux premiers membres du Foyer de Charité.

Une étape décisive se déroule durant cette même retraite. Le soir du premier jour (8 septembre), les pères Faure et Finet rendent visite à Marthe. Le père Faure s'apprête à la confesser, comme il le fait depuis près de dix ans, quand elle désigne le père Finet. Celui-ci officie à sa place. Et quand le père Faure se prépare à lui donner la communion, Marthe indique qu'elle recevra l'hostie des mains du père Finet qu'elle nomme « père » pour la première fois. Le témoin est transmis. Marthe a décidé du jour et de l'heure.

Dorénavant, le père Finet fait des allers-retours entre Lyon et Châteauneuf-de-Galaure pour voir Marthe et prêcher des retraites lorsque les locaux de l'école sont libres, c'est-à-dire durant les vacances scolaires.

Le 23 juin 1936, le père de Marthe, Joseph Robin, décède. Elle en ressent une peine immense. Sa mère continue à veiller sur elle, comme l'oiseau sur son nid. Les travaux agricoles sont désormais assumés par le seul Henri, son frère. D'autres bras seraient nécessaires.

En 1939, Marthe n'est plus capable de lire. Elle est presque aveugle et si sensible à la lumière que, dorénavant, les volets de sa chambre resteront clos, plongeant la pièce dans une pénombre constante. C'est dans ce clair-obscur qu'elle vivra jusqu'à sa mort. Ce nouveau handicap ne freine en rien sa détermination.

L'école de filles rencontre un succès inattendu. Le nombre d'élèves ne cesse de croître : 35 en 1937, 46 en 1938, 69 en 1939, 74 en 1940… Les retraites du père Finet sont de plus en plus suivies, tant et si bien que les locaux s'avèrent trop exigus et que l'on refuse du monde ! L'évidence s'impose qu'il est nécessaire de s'agrandir. Un permis de construire est déposé, quoique la période ne soit pas propice, c'est le moins que l'on puisse dire. La France a déclaré la guerre à l'Allemagne le 3 septembre 1939. Les premiers chars ennemis ont pénétré dans le pays par les Ardennes le 15 mai 1940. Les Allemands sont à Rouen le 10 juin, à Lyon le 22 juin… Le 18 juin, le général de Gaulle lance un appel à la résistance. Le 23 juin, le maréchal Pétain signe l'armistice entre la France et l'Allemagne. Les travaux débutent en octobre 1940 alors que la Résistance tisse ses premiers réseaux dans la région qui en sera un des fiefs (Vercors). Les travaux avancent certes lentement, mais ils se poursuivront contre vents et marées. La volonté de Marthe, la force de conviction et les moyens financiers d'un groupe d'hommes et de femmes expliquent les débuts de cette grande aventure spirituelle et humaine dans des conditions aussi précaires.

Cette année-là, en septembre, Célestine Robin tombe malade. Elle souffre du ventre. Son état empire et suscite les plus vives inquiétudes. Dans le souci de préparer le futur, le père Finet demande à son beau-frère, le docteur Ricard, éminent chirurgien des Hôpitaux de Lyon, de se porter acquéreur de la ferme des Robin en servant d'intermédiaire pour le Foyer de Charité. La vente intervient le 10 novembre 1940. Quelques jours plus tard, la mère de Marthe est admise en urgence à l'hôpital Sainte-Anne de Lyon. Une occlusion intestinale est diagnostiquée. Elle est opérée par le docteur Ricard. Un phénomène mystérieux se produit. Marthe semble assister à l'opération : elle donne des détails impossibles à inventer. Le 22 novembre, elle déclare au père Finet qu'il faut « immédiatement » ramener sa maman à Châteauneuf-de-Galaure. Le prêtre file aussitôt à Lyon où il arrive vers 13 heures. Il trouve une ambulance et ordonne le transfert de Célestine Robin à son domicile. Elle arrive à Châteauneuf vers 17 h 30. On l'installe dans son lit à côté de celui de Marthe. Elle décède peu après avoir reçu l'extrême-onction. Malgré sa paralysie, Marthe se tourne vers sa mère qui vient de mourir : « Partez maintenant dans les demeures éternelles. » Quelques minutes passent. « Petite maman, entre au ciel ! C'est fini ton purgatoire », lance-t-elle enfin.

La vie de Marthe est profondément bouleversée. Sa mère faisait tout et Marthe se reposait entièrement sur elle pour les tracas quotidiens. Il ne reste plus désormais à la ferme que son frère Henri qui ne peut pas, bien sûr, la remplacer. Deux membres du Foyer viennent sur place chaque jour pour l'aider. Une forme de cohabitation s'instaure entre le Foyer, Henri et la famille Robin. Il faudra de longs mois à Marthe pour assumer l'immense vide laissé par le décès de sa mère. Sa condition de handicapée accentue les conséquences du deuil, comme elle en fait la cruelle expérience. « La blessure s'agrandit toujours. Elle est, tous les jours, immensément douloureuse », note-t-elle presque un an plus tard. Elle se sent seule, perdue…

À cette épreuve s'en ajoute une autre d'ordre spirituel. Elle traverse cette sorte de dépression que les mystiques qualifient de *nuit* et où Dieu semble les abandonner. Elle n'a plus de repère. Quand elle voit le père Finet, elle l'appelle « Monsieur Finet », et non plus « père », comme elle en a l'habitude, ce qui en dit long. C'est au cours de cette période noire qu'elle demande un jour à une personne du Foyer qui se trouve dans sa chambre d'aller chercher dans l'armoire « la petite feuille ». Elle lui indique précisément où la trouver. C'est sur cette feuille pliée en quatre que sont retranscrites les paroles de Jésus à propos de l'Œuvre à réaliser. Marthe exige qu'on fasse disparaître ce document « en le jetant au feu ». Pourquoi a-t-elle souhaité que ce texte – et celui-là seul – soit brûlé ? Le juge-t-elle inapproprié ? Cette décision s'explique-t-elle par la crise spirituelle et morale qu'elle traverse ? Quoi qu'il en soit, la visiteuse n'obéit pas à l'ordre qui lui a été donné. Elle remet le document au père Finet qui décide de le sauvegarder et l'appellera, après la mort de Marthe, le « texte fondateur ».

Le succès rencontré par les retraites données à Châteauneuf-de-Galaure, où seules les femmes et les jeunes filles sont acceptées, amène les hommes à réagir ! La gent masculine demande à y participer et non pas, comme cela se fait à l'époque, que d'autres retraites leur soient réservées, car le père Finet n'a pas le temps nécessaire. Finalement, après avoir reçu l'autorisation, ce dernier accède à cette revendication. On parle de « révolution » ! La première retraite mixte se déroule le 8 septembre 1941. Dorénavant, hommes et femmes, prêtres et laïcs, jeunes et moins jeunes suivront de concert les « retraites de chrétienté », comme on les appelle alors. Certains voient dans ce mélange le signe du démon ! Celui-ci fait toujours autant parler de lui à la ferme des Robin, au cours de manifestations fort singulières, dit-on.

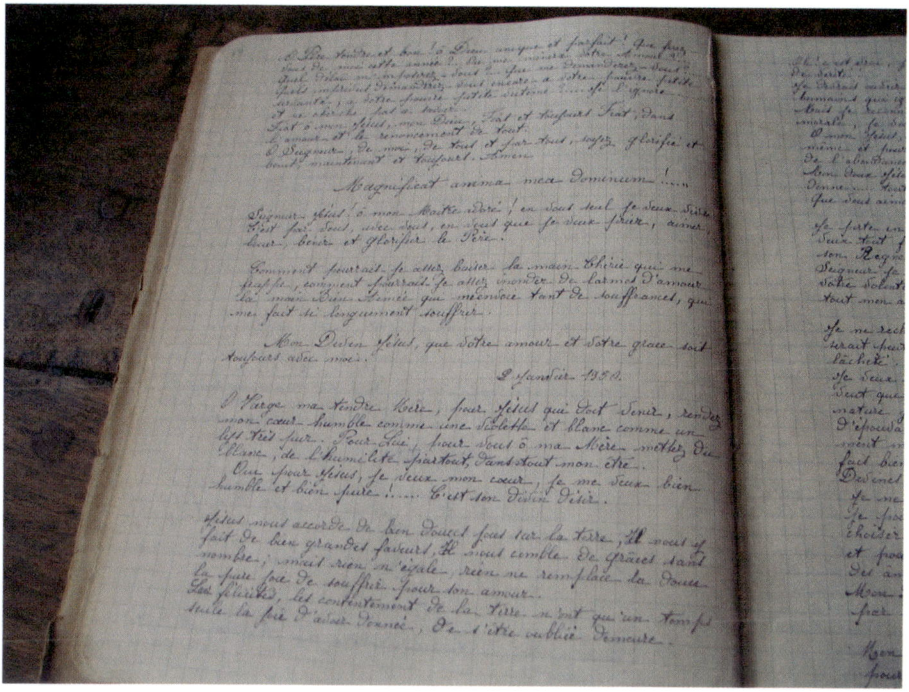

Le journal de Marthe Robin.
© Les Foyers de Charité

La survie de Marthe Robin continue d'interroger les autorités religieuses, et en particulier Mgr Pic, l'évêque de Valence, dont dépend géographiquement Châteauneuf-de-Galaure. Quand on lui signale en février 1942 que Marthe souffre d'une nouvelle « crise hépatique accompagnée de vomissements et de saignements », il prend la décision de faire intervenir des médecins afin qu'ils établissent un bilan général de son état de santé. Deux personnalités des Hôpitaux de Lyon, qui sont aussi des proches du

Foyer, André Ricard, chirurgien, et Jean Dechaume, neuropsychiatre, se déplacent le 14 avril 1942. La visite dure une journée. Ils consignent leurs conclusions dans un rapport de vingt-cinq pages. C'est le seul document médical existant sur le cas Marthe Robin. Les deux experts attestent qu'elle ne s'alimente plus et ne dort plus depuis 1932. Ils notent « une aggravation progressive de son état général » ainsi que « la disparition pratiquement complète de la vision ». Ils demeurent au stade du constat. « Il n'y aurait eu au moment de l'apparition de l'impotence totale, précisent-ils, aucun choc émotif, ni aucune disposition mentale ou psychique particulière. » L'examen clinique et l'interrogatoire de la malade ne leur permettent pas d'établir la cause (ou les causes) des handicaps dont Marthe Robin est atteinte.

Une attention particulière est apportée aux stigmates dont la forme varie au fil des ans. Ils se sont présentés d'abord sous la forme « d'ecchymoses bleu rougeâtre, douloureuses qui persistent pendant deux ans ». Dans un second temps, « des plaies douloureuses », bientôt accompagnées « d'hémorragies », sont observées. Ces « plaies » saignent le vendredi et disparaissent ensuite. Il arrive enfin que « la Passion » ne s'accompagne d'aucun stigmate. À l'issue de leur contrôle, ils ne conseillent aucun traitement. Concluent-ils que la vie de Marthe n'est pas en danger ? Apparemment oui. Le principe de précaution et de secours dû à une personne en détresse imposerait aujourd'hui une autre attitude. Les deux médecins montrent une certaine compréhension du religieux en sympathie avec celle qu'ils n'ont pas seulement considérée comme une malade.

Marthe vivra jusqu'à sa mort en marge de la médecine. Elle se privera des antidouleurs de plus en plus efficaces et de tous les secours qui auraient pu la soulager, notamment pour protéger ses yeux de la lumière qui la faisait tant souffrir. Nul ne s'inquiète. Seuls les soins d'hygiène indispensables lui seront dispensés. Il est clair que souffrances et handicaps n'ont plus pour elle, désormais, une dimension seulement physique. Ils concourent à sa *mission*. Marie-Louise Chaussinand († 2014), infirmière et membre du Foyer, qui fut très proche de Marthe, affirme : « Cela ne lui venait même pas à l'esprit de compter sur un soutien médical. Le médicament n'est rien par rapport à ce qu'elle subit et qui vient de Dieu. »

Dans son entourage, nul n'a jamais songé à profiter des progrès de la médecine pour interroger le mystère de sa survie. Cette question n'avait pas lieu d'être – « C'est Dieu qui l'a voulu » – et il était vain, pensait-on, de chercher à résoudre un tel « mystère ». L'affaire fut classée. Cette question restera tout de même pendante dans bien des esprits. Marthe ne se serait pas opposée – elle l'a dit – à une décision ecclésiastique de la soumettre à un contrôle médical. Finalement, Mgr Marchand, l'évêque de Valence, décidera en 1980 de faire réaliser un nouvel examen. Une chambre sera réservée dans une clinique pour établir un bilan complet, mais Marthe décédera entre-temps. La médecine et la religion ont suffisamment appris à dialoguer, notamment dans ces années-là à Lourdes autour des « miracles », pour que l'on ne puisse pas regretter cette absence.

Revenons aux années de guerre. La renommée de Marthe commence à faire des vagues. Rumeurs et contrevérités circulent. Il en va souvent ainsi lorsque des phénomènes extraordinaires se produisent autour de grands mystiques. L'évêque de Valence, Mgr Pic, intervient dans un communiqué daté du 7 août 1943 : « Des circulaires de teneur et de provenances diverses, sans nom d'auteur, ni d'imprimeur, et sans l'imprimatur cependant requis pour les relations de ce genre, ont vulgarisé, écrit-il, le nom de Marthe Robin, ajoutant à des données exactes de nombreux détails fantaisistes, mettant parfois fort indiscrètement en cause les plus respectables théologiens et mêmes cardinaux. Nous demandons à nos prêtres et à nos diocésains de s'inspirer pour le cas présent aussi de cette même réserve qu'il est nécessaire d'observer strictement si l'on ne veut pas ouvrir la voie à des controverses où l'incompétence se donne libre carrière et qui finirait par jeter le discrédit sur ce qu'il y a de plus respectable dans la vie des âmes et sur l'Église elle-même. »

L'information n'est jamais aisée sur de tels sujets. Mieux vaut en faire moins que trop : telle est la conduite de l'Église catholique en la matière et c'est ce qui se passe ici. Un contrôle strict de la communication et l'engagement de discrétion imposé à tous les visiteurs permettront par la suite d'éviter les débordements. Rares seront les reportages dans les médias. Marthe, pour sa part, a toujours souhaité demeurer dans l'ombre.

L'agrandissement du Foyer suit son cours. Le gros-œuvre est terminé en 1943 malgré les restrictions, mais ce n'est qu'en 1947 que le chantier sera achevé et qu'une retraite pourra se tenir dans les nouveaux locaux et dans des conditions confortables. C'était d'autant plus attendu qu'elles rencontraient un succès grandissant malgré des conditions d'accueil plus que précaires. Les nouveaux bâtiments sont inaugurés le 17 mai 1948, un lundi de Pentecôte. La date n'a pas été choisie au hasard. Elle suggère la place que l'Esprit et la Providence ont jouée dans l'émergence et le développement de cette nouvelle communauté. L'évêque bénit la statue monumentale de la Vierge Marie qui se trouve à l'entrée, dont Marthe a souhaité qu'elle ait « un voile qui ne lui cache pas les cheveux » car c'est ainsi qu'elle l'a vue lors d'une apparition.

Grâce à des dons importants, le Foyer a maintenant les moyens matériels et financiers de son développement au niveau national et international. Le père Finet est détaché en 1947 à Châteauneuf-de-Galaure où il réside dorénavant. Pendant plus de dix ans, il se sera partagé entre ses occupations à Lyon et la communauté naissante du Foyer de Charité. Il peut à présent se consacrer entièrement à ce qui va être l'œuvre de sa vie.

Un terrible drame familial intervient le 8 août 1951. Henri se suicide en se tirant un coup de fusil dans la tête. Il a 55 ans. Son cadavre est retrouvé dans une chambre du premier étage. Il souffrait de migraines fréquentes et extrêmement violentes. La cohabitation avec les gens du Foyer et les allers et venues autour de Marthe perturbaient sa vie quotidienne. Il avait l'impression d'être devenu « invisible » aux yeux des autres pour qui seule Marthe comptait. Il se plaignait aussi du comportement de certaines personnes du Foyer qui ne furent pas toujours très respectueuses à son égard. Du moins, tel fut son ressenti. Il faut ajouter à ces soucis le piètre rendement des terres. L'exploitation agricole était chancelante, ce qui le dépréciait à ses propres yeux. Il prit finalement la fuite dans la mort. Marthe en éprouva une très grande peine. Elle fera preuve tout au long de sa vie de compassion et de compréhension vis-à-vis de ceux et de celles qui ont choisi la mort. Sans les juger. Les proches des suicidés le savaient et venaient lui parler de leur deuil. Une des petites-nièces de Marthe m'a raconté comment en 1980, quelques mois avant sa mort, elle avait vu Marthe sangloter lors d'une de ces rencontres qui la bouleversaient toujours autant.

À présent, un cycle se termine à la ferme après les décès de son père (1936), de sa mère (1940) et de son frère (1951). Un autre débute. L'évolution, là aussi, s'est faite progressivement, par étapes. Il y a sous l'extraordinaire de cette vie comme un ordre nécessaire.

Jusqu'à la fin (1951-1981)

Marthe ne s'est jamais repliée sur elle-même, ni enfermée dans sa chambre comme sa situation pouvait le laisser craindre. Jusqu'à la fin, son existence est exclusivement et entièrement tournée vers Dieu et dévouée aux autres. « La grande question de la vie, confie-t-elle, n'est pas de faire ce que nous voudrions, mais bien de savoir et de faire ce que Dieu demande et veut faire de nous. » Elle illustre extraordinairement la parole de Jésus, prise au pied de la lettre, selon laquelle « celui qui veut sauver sa vie la perd, mais qui perd sa vie à cause de moi la trouvera ».

Marthe et les Foyers

Désormais, les gens du Foyer de Châteauneuf-de-Galaure s'occupent de tout à la ferme des Moïlles, au point que Marthe se sent dépossédée. Elle confie à ses proches : « Je ne suis plus chez moi. » Il n'y a là, sur ses lèvres, nulle critique ou rancœur, mais une constatation. Elle reçoit sa famille selon un agenda qui lui est imposé. Sa parenté a rarement la priorité. La veille de sa mort encore, alors qu'il est prévu qu'elle rencontre des neveux et nièces, le rendez-vous est annulé au dernier moment pour laisser la place à un visiteur « prioritaire ». Elle n'a rien à dire. Elle n'aura pas revu ses proches parents avant de quitter cette terre. Son lâcher-prise est total.

Le père Finet gère son quotidien. Il veille à tout. Il est seul habilité, par exemple, à ouvrir et à fermer la porte de sa chambre à clé. Nul autre, dit-on, ne possède les clés. Il est l'ordonnateur des visites qu'elle reçoit. Quand il refuse que Jean Guitton la voie, lui qui a pourtant ses entrées au Vatican, le philosophe doit faire intervenir le cardinal de Lyon qui ordonne au père Finet de ne pas faire obstacle et celui-ci obtempère. Tout est soigneusement réglé pour éviter les débordements. Le système sécuritaire qui est mis en place se révèle positif dans la mesure où Marthe est préservée d'une curiosité de mauvais aloi. En revanche, ce mode de fonctionnement a pu conduire à d'autres excès. Des indiscrétions plus ou moins incontrôlées ont tout de même circulé.

Marthe est devenue un *objet de piété*. Il n'y a pas là de quoi vraiment s'étonner. Il en va souvent ainsi du vivant des grands mystiques. De telles existences dépassent tellement l'entendement que ces femmes et ces hommes ont du mal à se faire vraiment entendre. L'histoire de l'Église en offre de multiples exemples.

Le père Finet est décrit comme « un apôtre de feu ». Son dynamisme n'est guère contestable. Sous son impulsion, les Foyers se développent en France et à l'étranger. En 1957, un premier Foyer est créé en Amérique du Sud (Colombie), en 1961, en Afrique (Togo), en 1968 en Asie (Vietnam) et en 1971 en Amérique du Nord (Canada). Une Fondation voit le jour en 1972 et attire des capitaux importants.

Les décisions sont prises à Châteauneuf-de-Galaure. Les *pères* des différents Foyers y viennent régulièrement et rendent visite à Marthe, notamment à l'occasion des assemblées générales annuelles. Elle leur donne son avis quand ils la sollicitent, cependant chaque Foyer possède une incontestable autonomie. Marthe se tient au courant et travaille en relation avec le père Finet. Cette organisation montrera plus tard ses limites. En 1961, le père Finet fête ses vingt-cinq ans à la tête du Foyer de Châteauneuf-de-Galaure, que l'on appelle le « Foyer central ». De belles cérémonies ont lieu sur place. Son talent et son charisme sont reconnus. Le cardinal Gerlier de Lyon et huit évêques sont présents, ce qui montre le rayonnement du mouvement au sein de l'Église.

Le quotidien

Il y a dans la vie de Marthe au fil des semaines, des mois et des années une sorte de linéarité et d'équilibre. Son emploi du temps ne varie guère.

Du mardi au jeudi, elle reçoit des visites, dicte son courrier et il y a aussi les paquets qu'elle adresse aux prisonniers, aux nécessiteux, à ceux qui tendent les mains vers elle. Ce n'est pas une mince affaire car des lettres lui parviennent du monde entier, et elle n'en laisse aucune sans réponse lorsque c'est nécessaire. La veille de sa mort, elle aura pris le temps de répondre à tout le courrier en attente.

L'essentiel est ailleurs. « Je veux plus que jamais, explique-t-elle, donner tout l'or de mes prières, les diamants de mes souffrances, les trésors de mes renoncements et de mon amour, pour aider, sauver les âmes et les donner à Jésus. » Elle offre son corps martyrisé à l'Humanité tout entière et devient l'icône vivante du don de Dieu. Dès qu'elle a un moment à elle, elle se plonge dans la prière. L'amour est la clé de compréhension de cette oblation radicale et sublime. « Dieu ne se lasse jamais d'aimer, dit-elle, et il ne se rassasie jamais d'être aimé. » Tout ce que son existence peut avoir d'intolérable à des yeux extérieurs s'illumine dans les feux irradiants de l'amour qui l'unit à Dieu. Son corps disloqué par la souffrance et les handicaps est rendu en quelque sorte sublime. Et tout cela, si l'on ose dire, est vrai ! Tel est le vécu qu'elle proclame et confie avec une discrétion qui n'a d'égale que sa simplicité : « La maladie retranche nos moyens d'action, mais elle en crée d'autres plus généreux, plus difficiles aussi, peu compris, mais si peu étudiés. » Cette voie mystérieuse est celle empruntée par les moines, les ermites, les priants, les ascètes…

L'aube de chaque jour se lève sur l'obscurité de sa chambre. La lumière, elle la porte en elle. Ce qui l'éclaire est au-dedans et non pas au-dehors, dans la profondeur et non pas dans l'apparence. Dans son ciel intérieur. Elle vit pour « le salut du monde ». Chaque semaine, invariablement, la crucifixion de Jésus qu'elle revit en est la sublime et merveilleuse illustration.

La Passion

Marthe a *vécu* la crucifixion de Jésus près de 2 500 fois en sombrant dans cette sorte d'inconscience apparente qui correspond chez les mystiques à un état extatique. Cette expérience mystérieuse a évolué au fil des ans, comme le rapport médical établi en 1942 l'indique déjà. Au début, elle « voit » et « entend » ce qui se passe en même temps qu'elle ressent les souffrances de Jésus. Puis ce « vécu » devient de plus en plus intérieur, de moins en moins visuel. « Je ne suis plus en Croix, explique-t-elle à Jean Guitton. Je suis, pour ainsi dire, la Croix. La Croix est en moi et moi en elle. » Son corps saigne là même où Jésus fut blessé. Elle en garde les stigmates aux pieds et aux mains, au front et au côté. Elle parle, gémit, murmure et manifeste les signes extérieurs d'une extrême souffrance et d'une agonie, selon ceux qui ont pu l'observer dans ces moments-là. Satan, dit-on, intervient aussi de « manière impressionnante ». Il arrive qu'elle pousse un « grand cri » au moment de la mort du Christ. Une fois, « une clarté éblouissante » a envahi la chambre.

« Ces choses-là sont si douloureuses, confie-t-elle, que, si Dieu ne vous soutenait pas, on mourrait et pourtant c'est délicieux. » La joie – un bonheur d'une très grande intensité – se superpose mystérieusement à la souffrance qui demeure immense. Elle précise : « Ce n'est pas quelque chose de sensible comme un plaisir, une joie humaine. Ce n'est pas du tout cela. C'est une joie vive, mais c'est une joie divine, ou plutôt c'est une joie intérieure. C'est une souffrance extrême, mais c'est une souffrance qui est très douce. »

Les phénomènes surnaturels

« Le divin, le surnaturel est ma vie plus que l'air que je respire », affirme-t-elle. Et pour ceux qui en douteraient, elle ajoute : « Ce que je sais très bien, c'est que je vis en pleine réalité. » Elle le mesure notamment aux réactions de son cœur qui « bat très fort ». Un jour, elle constate : « J'ai cru qu'il allait se rompre ou se briser dans ma poitrine. » Tel est le *constat de réalité* qu'elle établit. Elle sait qu'elle vit vraiment tout cela. Elle ne rêve pas. Elle *rencontre* Jésus (« mon Dieu »), la Vierge Marie (« ma chère maman »), des saints, des anges… Elle se déplace et *voyage*, si l'on ose dire, dans un autre monde où elle découvre « les régions éblouissantes de l'éternité ». « Je me sens toute noyée, toute perdue dans la Lumière, confie-t-elle [...]. Je sens comme une vague brûlante qui envahit mon être... C'est la douce présence de mon Dieu, plus sensible que jamais... C'est sa voix bien-aimée qui enivre mon âme de joie... C'est la chère intimité dans l'union et l'amour. » Elle va plus loin, de plus en plus loin. « Je m'enfonçais, raconte-t-elle, toujours et toujours dans la mer de feu qui, à mesure, devenait aussi plus intense. »

Elle poursuivra jusqu'à sa mort cette initiation intime et inconnaissable aux moyens habituels d'investigation des sciences humaines. « Jésus grandit, se reproduit magnifiquement en moi, avec une réalité aussi visible que merveilleusement admirable », révèle-t-elle. Ainsi s'entremêlent au fil des heures, des jours et des années sa vie d'ici et sa vie d'ailleurs où il lui arrive de « se jeter dans les bras de ma Bonne Mère ». Ces *voyages* ont lieu aussi sur terre depuis sa chambre, en quelque sorte. Elle décrit avec précision des endroits où elle n'est jamais allée ou des situations où elle n'est pas présente. C'est le cas lors de l'opération chirurgicale que subit sa mère à Lyon en 1940. Possède-t-elle ce qu'on appelle le *don de bilocation* ? Peut-elle se trouver en deux lieux en même temps ? Bénéficie-t-elle aussi, comme d'autres grands mystiques, d'un don de clairvoyance ? Voit-elle le passé ou l'avenir ? « Une vive et profonde intuition me rend visibles à l'esprit des choses que je ne vois pas », dit-elle. Cependant, elle affirme constamment qu'elle n'est pas « une voyante ». Vers la fin de sa vie, un article de presse la décrit comme « une voyante », elle reçoit six cents lettres et pleure en les lisant.

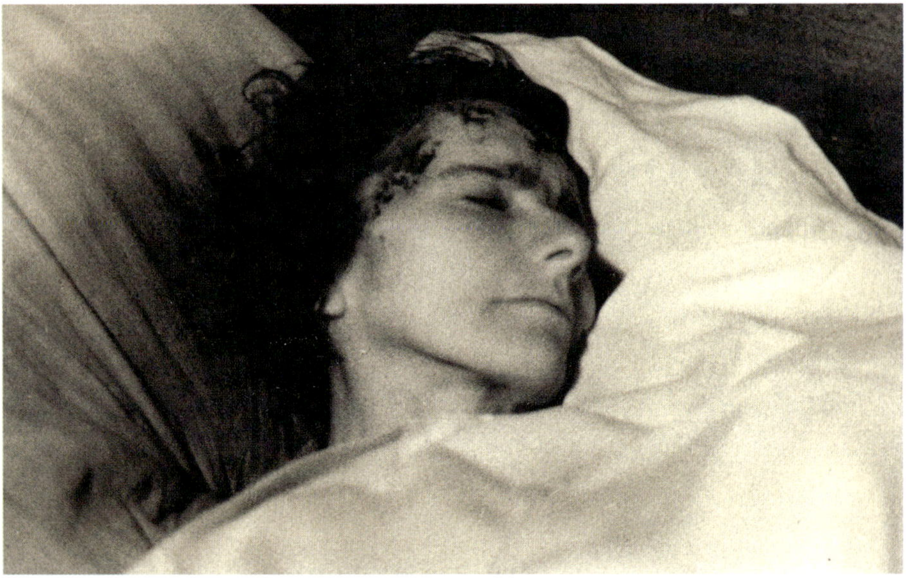

Marthe Robin en extase après la communion.
© Les Foyers de Charité

Il y a enfin le mystère de la *communion* : quoique incapable d'absorber le moindre aliment, Marthe avale l'hostie qui lui est présentée. Les médecins qui ont réalisé l'expertise de 1942 notent : « Elle n'avale pas l'hostie que l'on pose sur sa langue.

Lorsqu'elle l'a sur la langue (parfois elle ne touche même pas la langue), elle voudrait la garder dans sa bouche, mais elle ne le peut pas. L'hostie est absorbée sans qu'elle l'avale (elle ne peut du reste effectuer le mouvement de déglutition). C'est comme un être vivant qui entre en elle. » Marthe est aussitôt emportée par de divins enchantements. Le dimanche 7 février 1932, elle écrit : « L'hostie reçue était un feu qui brûla ma lèvre, qui brûlait mon cœur, qui brûlait mes membres... qui brûlait tout mon être ! Et quel feu, quel amour ! Quel pur et immense amour... amour unique, infini. On le sent fait pour embraser le monde dans ses belles et puissantes flammes, par ses suaves et mystiques parfums, par son ampleur, sa profondeur, sa hauteur et son intensité. »

Ces phénomènes paranormaux peuvent être perturbants. Le spectaculaire et l'extraordinaire enflamment parfois l'imaginaire de son entourage. Jean Guitton constate : « Elle avait une extrême défiance pour ce que l'on appelle le *merveilleux*. Et pourtant ce *merveilleux* pousse autour d'elle comme une herbe folle qu'elle voudrait couper. Elle ne peut l'empêcher de pousser : ceux qui sont autour d'elle cultivent cette ivraie. » Rien de plus vrai... Des proches ont trahi sa confiance. Les *photos volées* de son visage ensanglanté lors de ses *Passions* ou des mouchoirs tachés de sang, exhibés aux yeux de certains visiteurs ou retraitants, montrent comment la communication instaurée autour d'elle a pu dériver. La vie des grands mystiques est parfois accompagnée de tels dérapages.

Les visites

Plus de 100 000 personnes ont rendu visite à Marthe à la ferme des Moïlles et l'on peut affirmer sans risque de se tromper qu'aucune personne malade ou handicapée n'a jamais réuni autant de monde autour de son lit.

L'aura d'étrangeté et le parfum de miracle qui l'environnent à son corps défendant suscitent un mouvement légitime de curiosité, mais ces hommes et ces femmes, jeunes et moins jeunes, venus parfois de très loin, sont attirés en général par un questionnement plus ou moins formulé et un désir de réponse qu'ils attendent d'elle.

Prisonniers de problèmes, à la recherche de solutions, avançant à tâtons dans leur existence…, ils viennent, sans toujours se l'avouer, dans cette chambre noire, chercher la Lumière face à cette femme immobile dans son petit lit tout au long de l'entretien. Ils entrent dans une *intimité* que la position couchée de Marthe, proche et *rapprochante*, facilite sans doute. Marthe est tellement présente !

Dans la pièce vibre le faux silence de la campagne qui parvient par la fenêtre entrouverte aux volets fermés. Dans une odeur de cire et de bois, le temps ne s'égrène pas tout à fait ici comme ailleurs. Les visiteurs perçoivent une voix d'une légèreté et d'une intensité rares, sans âge apparent, parfois brisée par la fatigue. En l'absence de la moindre gestuelle, la communication se concentre et résonne dans sa voix.

Le ton est à la fois juvénile et sérieux, gai, drôle, voire espiègle, pétillant, humoristique, impertinent ou un rien ironique sans jamais choquer, ni blesser, toujours profond et respectueux, allant droit au cœur avec une simplicité souvent qualifiée de rafraîchissante. Elle a aussi une vibration singulière. Quelque chose de mélodieux, de l'ordre de la musique. Jean Guitton parle joliment de « sa petite voix d'oiseau ». Marthe possède un don singulier pour communiquer, même si parfois elle répond par un silence. Elle ne parle pas pour ne rien dire et se tait aussi pour signifier. L'échange qui s'instaure porte sur tout et rien, si l'on ose dire, avec toujours cette forme de légèreté qui habite la vraie clarté.

Chacun vit ce moment à sa manière. En franchissant le seuil de sa chambre, il n'est pas interdit de penser que l'on entre aussi dans un *autre monde*. À propos d'un personnage célèbre sur lequel Jean Guitton l'interroge, elle répond : « Il ne m'a jamais fait souffrir devant Dieu. » Son discours n'est jamais programmé ou normatif. Elle semble à beaucoup s'exprimer depuis un ailleurs. De nombreux intellectuels ont été stupéfiés par la pertinence de ses raisonnements sur les sujets les plus complexes.

L'un d'eux, Paul-Louis Couchoud, homme de grande réputation, philosophe incroyant et médecin, qui n'a rien d'un naïf, affirme : « J'ose à peine le dire : je pense à Pascal, quand je suis avec elle. Elle a un esprit du même type avec plus de simplicité. Ce qu'elle dit est net de contenu, sobre, juste, frappé… Et toujours épicé d'humour et d'enjouement ! »

Marthe semble habitée d'une curiosité insatiable. Elle a soif d'informations et interroge souvent ses visiteurs sur leurs domaines de prédilection ou leur vie jusque dans les détails les plus concrets, mais sans être jamais indiscrète. Elle s'intéresse à tout, car elle *aime* tout. Son souci des choses les plus courantes et du quotidien montre combien elle garde les pieds sur terre. Elle est dans la *vraie vie*. Ses notations, avis, conseils et remarques portent souvent le sceau du bon sens. Mais pas seulement… On parle de tout avec elle. Du plus intime au plus général, du plus sérieux au plus banal. Elle rejoint chacun là où il se trouve et répond avec cette manière qui peut parfois désarçonner lorsqu'elle ne semble pas correspondre à ce qui est demandé… Elle s'adapte extraordinairement et sans distinction aux plus modestes comme aux plus puissants, aux riches comme aux *pauvres* pour qui elle manifeste cependant une tendre prédilection. Elle sait écouter comme le font les sages. Elle a ce don incomparable de se mettre à la portée de chacun. « D'où vient, s'interroge-t-elle, que je sois si spontanément à la disposition de tous ? » Elle laisse à chacun sa liberté, même si à l'occasion elle marque avec netteté une suggestion ou un avis. En tout cas, rien chez elle ne suggère une manipulation, comme chez tant de gourous.

Jean Guitton observe : « Lorsque je regarde le fruit de ses conseils toujours simples et toujours surprenants, parfois prophétiques, je me dis qu'elle parlait avec bon sens mais que le bon sens est la chose du monde, chez les gens raisonnables, la moins partagée. Souvent elle se taisait. Mais son silence, son exemple, son sacrifice avaient plus de force que tous les conseils. »

La visite, en groupe ou individuelle, ne dure en général que quelques minutes. D'autres personnes attendent leur tour dans la pièce d'à côté. La séparation se prépare par une prière commune : une manière de rester ensuite avec elle en Dieu.

Marthe et les Foyers (suite)

En 1979, la rumeur selon laquelle Marthe Robin serait une enfant illégitime refait surface à l'occasion de la publication du premier livre écrit sur elle, par un correspondant du *Dauphiné libéré*, le quotidien régional. L'émoi est grand dans les Foyers et au sein même de la famille. Le Foyer de Châteauneuf-de-Galaure avait tenté d'en racheter les droits pour interdire sa publication.

En cette même année, une nouvelle salle de conférence, qui pourra recevoir jusqu'à 300 retraitants, est inaugurée au Foyer, de même que la grande église en forme d'amphithéâtre que l'on appelle le « sanctuaire ». Le mouvement continue à grandir, mais ce n'est pas toujours sans poser quelques tensions.

Les nouvelles communautés religieuses se heurtent souvent à des problèmes de gouvernance lorsqu'une croissance rapide se réalise au détriment de fondations suffisamment solides. Cet écueil est d'autant plus patent quand l'organisation est novatrice, comme c'est le cas des Foyers de Charité où cohabitent des laïcs sous la direction d'un prêtre.

Marthe fait confiance à la liberté de chacun rassemblé dans cette « famille » que devait être chaque Foyer, c'est-à-dire l'âtre autour duquel on se regroupe pour partager le feu, la lumière, l'énergie… Et ce n'est pas là une simple question sémantique ou encore une métaphore. Elle pense à une expérience de vie, à une réalité qui se forme et émerge en la vivant. Elle est favorable à la liberté et à la responsabilisation des membres, à une structure non pyramidale, au partage des décisions et prône en définitive le consensus.

Ses liens avec le père Finet se distendent quelque peu à la fin des années 1970, et ce n'est pas seulement en raison de la fatigue du père et de son activité débordante, qui le rendent moins disponible ou attentif à sa relation avec elle. Marthe est tenue à l'écart. Une incompréhension s'installe. Des rouages grincent au sein d'une structure devenue mondiale avec 55 Foyers rassemblant quelque 600 membres sur quatre continents. Marthe n'est pas maîtresse d'un jeu qui se déroule en partie en dehors d'elle. Des divisions compliquent la situation et exacerbent les tensions. Les interventions extérieures se multiplient. Finalement, le Vatican intervient. Le père Finet est remplacé le 12 janvier 1980. Son successeur ne fera pas de vieux os. Le « père fondateur » reprendra son poste plus tard. Mais le séisme a ébranlé tout l'édifice. Marthe confie : « Ce sera long, mais on s'en sortira [...], il faut prier pour qu'on se relève. »

Cette situation quelque peu chaotique pose ce que l'on appelle la « question des statuts ». Comment identifier les Foyers de Charité et les classer au sein de l'Église ? Marthe n'a pas attaché une importance primordiale à ce sujet. Pour elle, l'Esprit l'emporte sur la lettre. Il fallait bien pourtant doter ce mouvement né depuis bientôt quarante-cinq ans d'un cadre adéquat et de processus de contrôle.

Sa mort

Dans la dernière semaine du mois de janvier 1981, Marthe tousse beaucoup. Elle est si fatiguée que certaines visites sont annulées. L'infirmière de l'école des garçons, fondée par le Foyer, lui demande instamment de se soigner. La consultation d'un médecin lui semble nécessaire. Elle le dit. Nul ne l'écoute. Quand elle suggère la mise en place d'une perfusion, Marthe lui rétorque : « Le diable me l'arrachera ! » C'est une manière de répondre que cela est inutile. Son état empire. Le jeudi

5 février, l'infirmière la visite à nouveau. Marthe ne lui a jamais paru aussi épuisée. Apparemment, elle est la seule à s'en préoccuper. Comme chaque soir, elle est enfermée dans sa chambre. Le lendemain, vendredi, est le jour où elle *vit* la crucifixion de Jésus. Elle est laissée enfermée dans sa chambre où nul n'a le droit d'entrer, dit-on, hormis le père Finet. Ce dernier, pris par diverses occupations, ne vient la voir que vers 17 h 30. Il découvre le corps squelettique de Marthe étendu par terre, au pied du lit. Elle est morte. Deux médecins sont appelés. Un certificat de décès est signé. Sa mort est datée du 6 février 1981. La famille et l'évêque sont prévenus aussitôt.

Comment Marthe a-t-elle pu tomber de son lit ? Selon le père Finet, le diable l'y a précipitée. C'est la version officielle. N'est-il pas intervenu bien des fois dans le passé ? N'a-t-on pas placé autour du lit des coussins épais pour amortir une chute éventuelle ? Nul ne trouve à y redire sur le moment. Les questions viendront plus tard.

Le 12 février 1981, la messe des funérailles a lieu à Châteauneuf-de-Galaure, en présence d'une foule évaluée à 7 000 personnes, 200 prêtres et 5 évêques. Les médias sont là en grand nombre. Toute la presse en parle. Marthe est enterrée dans le caveau familial, au cimetière de Saint-Bonnet-de-Galaure, dont dépend la ferme de la Plaine.

Le message

Marthe Robin n'a pas laissé une œuvre derrière elle comme l'ont fait certains mystiques. Si elle avait été peintre, elle serait à ranger aujourd'hui parmi les « pointillistes ». À l'image d'un Georges Seurat ou d'un Paul Signac, qui construisent leur tableau à partir d'une multitude de points de couleurs, son témoignage nous parvient, comme point par point, à travers un ensemble de notations, de sentences, d'avis, de conseils… qui, rassemblés, forment un singulier et admirable message à la plus grande gloire de Dieu.

Alors que son existence semblait devoir l'isoler et la marginaliser, elle fut en phase avec son temps et l'Histoire comme rarement une mystique l'a été. Mieux, elle accompagna par sa vie même les bouleversements scientifiques et sociétaux du monde postmoderne dans lequel nous sommes plongés aujourd'hui. Sa survie, qui bouleverse les lois établies, amène à réfléchir, par exemple, à ce que l'on définit comme la *réalité humaine* quand la science en modifie le contenu. Par avance, elle apporte un éclairage singulier aux échéances et aux grands questionnements de ce début de XXIe siècle.

Elle annonce aussi, de manière prophétique, certaines évolutions majeures de la spiritualité chrétienne, selon la route tracée par le concile Vatican II. Elle guide l'Humanité sur la voie d'une sagesse chrétienne.

Ces directions dessinent une originalité qui n'a pas encore été pleinement évaluée. Il n'est pas dans la manière de Marthe Robin de procéder par de vastes exposés ou d'imposer un discours général et structuré. En procédant par touches successives, elle laisse agir en chacun l'*espérance* et la *foi* qui l'habitent.

Un langage de visionnaire

Elle a toujours dit et répété, sans qu'il puisse y avoir la moindre ambiguïté à ce sujet, qu'elle n'était pas une « fondatrice », c'est-à-dire qu'elle ne proposait pas la création d'un nouvel ordre religieux ou d'une institution, même si elle laissa s'édifier de son vivant les Foyers de Charité et y participa. Elle a insufflé un souffle qui a inspiré ce mouvement, comme le vent dans les voiles d'un bateau, laissant au « père » Finet et aux « pères » de chaque Foyer le soin de mener la barque. Elle parle de Foyer en faisant référence à une « Œuvre » et à une parole de Jésus qu'elle a entendue, c'est-à-dire à un message de type oraculaire, que la théologie chrétienne qualifie de « révélation intérieure » afin de le distinguer de la révélation centrale et unique laissée par Jésus. Elle rappelle et actualise la *voie* suivie par les tout premiers chrétiens tout en préfigurant l'émergence, dans les années 1960-1970, de ce qu'on appellera les communautés nouvelles et le mouvement charismatique. En cela aussi, elle est la digne héritière de saint François d'Assise : le retour aux sources chrétiennes s'ancre dans le présent pour mieux relever les défis du futur.

Des chrétiens laïcs, hommes et femmes, mariés ou célibataires sont appelés à vivre ensemble sous un même toit et à participer à la transmission de l'Évangile sous la conduite d'un *père* et de l'Esprit. Leur mode de vie est fondé sur le partage équitable et l'échange respectueux. À l'heure de la mondialisation, cette démarche prend une force très actuelle, même si le projet peut paraître utopique ou idéaliste et qu'il va rencontrer dans sa mise en œuvre des difficultés. La finalité est de connaître et de faire connaître Dieu, à savoir « l'Œuvre de son amour ». Il ne s'agit pas moins que de « la régénération du monde ». L'outil principal : l'« enseignement » du message de Jésus à travers des « retraites spirituelles » proposées par les Foyers comme un temps de repos et de méditation, d'apprentissage et de silence, de ressourcement. Chaque retraitant est appelé à descendre en lui-même, dans son intériorité et à retrouver la *foi*. « Certains croient qu'ils n'ont plus la foi, mais ils l'ont sous les cendres. Il faut souffler pour aviver la flamme », dit Marthe. Les Foyers sont à la fois des lieux de vie (la réalisation d'un projet collectif) et de transmission d'un savoir (des centres d'accueil et d'enseignement). Cette double dimension en fait l'originalité et la force. Entre ceux qui viennent (les retraitants) et ceux qui accueillent (les membres du Foyer) s'instaure un échange qui n'est pas simplement de l'ordre de la politesse ou de la convivialité, mais de la communion, fruit de la prière et de la force invisible de l'Esprit.

Marthe a le souci constant d'amener chacun à trouver en Dieu. Chaque être humain est capable, pense-t-elle, d'aller dans le sens de l'union et, même plus, de la communion en se laissant saisir par l'Esprit. « Venez Esprit d'Amour apportez au monde la fraîcheur de votre souffle sanctifiant, proclame-t-elle. Enveloppez tous les hommes du rayonnement de votre grâce ! Emportez-les tous dans les splendeurs de votre gloire. »

Cette *foi*, elle propose de la vivre ensemble, avec et pour les autres, au grand jour et non pas chacun pour soi, de son côté, isolément. Croire, c'est faire ce que l'on dit et dire ce que l'on fait. Partager dans l'amour la relation à Dieu. Les Foyers en sont le lieu et le message par l'exemplarité qu'ils proposent. Il n'y a pas de demi-mesure : « Donner Dieu en tout et à tous, le donner autant de fois et en autant de manières qu'il le voudra. Par la prière, par l'exemple, par la parole, par la bonté, par la charité, le pardon… et surtout par l'amour et par le rayonnement d'une vie tout à Dieu. » Elle engage à retrouver l'authenticité du message de Jésus, parfois dévoyé par les visées humaines. Elle rappelle au monde que les pires dangers sont souvent ceux qui surgissent au cours de l'histoire lorsque les hommes proclament faussement agir pour Dieu. Aussi répète-t-elle sans cesse que Dieu est porteur d'amour, non pas de haine ou de mort. Elle inverse radicalement le paradigme moderne, focalisé sur les désirs égocentriques et les besoins individuels. Son hédonisme est ailleurs : « Le bonheur est facile avec Dieu et se sanctifier est simple… Il suffit d'aimer. » Il n'y a plus de séparation entre le quotidien et le divin. Avec cette profondeur et cette subtilité teintées d'humour, qui caractérisent si bien son message, elle ajoute : « Quand nous comprendrons cet amour de Dieu pour nous, nous trouverons que l'éternité ne sera pas assez longue pour le remercier ».

Pour autant, elle vit ici et maintenant, et ne se fait aucune illusion. Une chose est de dire, une autre de faire ! « Je sais, ajoute-t-elle, que la parole est radicalement impuissante à faire jaillir la plus petite étincelle de foi dans un cœur et dans une âme si Dieu n'en féconde pas directement l'action. » Chacun est libre de son destin et doit se prendre en main en laissant Dieu agir. Elle garde aussi une grande liberté de parole. En parlant, par exemple, de l'enseignement religieux dont elle a suivi les cours, elle déclare : « Ce catéchisme manque d'amour », ou encore : « La messe n'est pas obligatoire, elle est nécessaire. » Pour elle, la vie chrétienne n'est pas limitée à l'enclos des règlements ou des décrets. Son attitude compassionnelle sur le suicide en est une illustration parmi bien d'autres. Pour autant, elle reste totalement fidèle à l'Église et ne relativise jamais le dogme chrétien.

Le témoin

La vie de Marthe Robin est un signe ultime. Il est impossible de dissocier ce qu'elle dit et propose de ce qu'elle subit dans son petit lit taillé sur mesure. On ne peut l'écouter, aujourd'hui comme hier, comme si elle était normalement assise sur une chaise ou un fauteuil quand, dans la pénombre constante de sa chambre, on la devine à peine, forme fantasmatique, pourtant bien réelle, lumineuse présence, et tellement vivante ! Un jour, elle répondit à qui lui demandait comment le miracle de sa survie était possible : « Si je pouvais boire le lait de mes vaches, je ne m'en priverais pas ! » Cette réplique pleine d'humour et d'intelligence est bien dans sa manière d'aborder les sujets les plus épineux avec une sublime aisance et une légèreté apparente. C'est sa manière de dire qu'elle a survécu, parce qu'elle n'a pas eu le choix, et nul ne sait, elle la première, comment cela s'est fait, si ce n'est par la grâce de Dieu.

Le prix de la souffrance

Le témoignage muet de son petit corps, brisé jusqu'à ressembler à un squelette à la fin de sa vie, amène à repenser la mort et la vie. Les frontières de la connaissance et du savoir scientifiques sont interrogées. Sa survie devient une saisissante allégorie : la *vie* est plus forte que la mort, la *joie* est vainqueur de la douleur.

Dépossédée de son corps, torturée par la souffrance, Marthe les dépasse, mais combien ce parcours est périlleux ! « Constater le peu que nous sommes, dit-elle, par le peu que nous pouvons est une vertu excellente pour pouvoir beaucoup mieux et pour monter bien haut… ou descendre souvent bien profond… Tout au fond de notre néant. » Elle est poussée vers les tréfonds, l'abîme intérieur, au bout d'elle-même.

Alors même que les progrès de la médecine lui permettraient de moins souffrir, elle refuse toute aide. Son destin est de se donner en chair et en os, si l'on ose dire. « Une once de souffrance, assure-t-elle, vaut mieux que tout l'or du monde. » La sentence est à la fois mystérieuse et même choquante, mais Marthe ne prône pas les bienfaits de la douleur. Comme tout un chacun, elle ne la trouve pas du tout agréable ! Elle la donne à Dieu et, ce faisant, en quelque sorte, s'en débarrasse. Sa foi déplace les montagnes. Sa souffrance devient le prélude d'un divin enfantement. La vie ne lui est pas ôtée. Les handicaps la transfigurent. Elle aborde au divin par le don total qu'elle fait d'elle-même à Dieu. Et touchant les extrêmes profondeurs, elle remonte vers des hauteurs inaccessibles. Ses souffrances et limitations physiques ne sont plus subies, mais transformées en forces positives. Elle atteint le périgée de cette quête si singulière tous les vendredis en revivant la crucifixion et la mort du Christ Jésus. Elle est alors au cœur de sa vie et, en même temps, au plus profond et au plus intime de la relation qui existe entre Dieu et l'Humanité. Elle est l'image saisissante du don divin que fait Jésus pour « sauver le monde ». Elle affirme : « Je connais maintenant la joie la plus pure, la plus douce que l'on puisse connaître : celle de vivre pour les autres et pour leur bonheur. »

Les limites de la vie

Son expérience amène naturellement à questionner les notions de handicap, de santé, de bien-être et le respect dû à tout être humain quel que soit l'état dans lequel il se trouve. Son existence tend à démontrer que chacun est appelé à une place – sa place – au sein de l'Humanité et appelle au respect de la différence qui peut aller jusqu'à la difformité apparente.

Marthe aide à découvrir ce qu'est vraiment la nature humaine. Elle se situe dans l'essentiel, là où ce qui importe n'est plus ce qui manque, mais ce que l'on trouve lorsqu'on n'a plus rien. Sa vie couchée est une vie debout. Cette sorte de cadavre qui gît dans un petit lit dans la pénombre rayonne de vie.

Alors que l'actualité scientifique donne à réfléchir aujourd'hui sur les perspectives d'un *être humain augmenté* et fait pénétrer dans ce que l'on nomme déjà l'ère transhumaniste, le « cas Marthe Robin » visite les paradigmes qui fondent les manipulations génétiques et les modifications du vivant. Qu'appelle-t-on la vie ? Où commence-t-elle et où finit-elle ? Quelles sont les frontières du tolérable et de l'intolérable, du normal et de l'anormal, de l'humain et de l'inhumain, de la souffrance et de son sens ? Le sacrifice est-il une forme d'action pertinente, efficace… ? Que signifient le plaisir et la souffrance ? Où commencent-ils et où finissent-ils ? Ont-ils une justification ? À partir de quel moment la mort est-elle préférable à la vie ? Quels sont les moyens de lutter contre la maladie ? Comment dépasser le repli sur soi et la culpabilisation, atteindre le lâcher-prise, assumer pleinement sa liberté personnelle ? Qu'appelle-t-on l'espérance ? Sur quoi la fonder ? Qui sommes-nous vraiment ? Pouvons-nous rejoindre celui qui nous a créés ?

L'existence de Marthe Robin éclaire ces questions existentielles. Elle conduit au renversement de certains paradigmes ou références axiomatiques : la domination comme outil du pouvoir, la violence prédatrice comme moyen d'agir, la manipulation comme moyen de communication, l'expérimentation comme force pertinente du progrès scientifique… Marthe se construit à partir d'une déconstruction, se libère et trouve la lumière dans l'ensevelissement, l'espérance dans la désespérance, l'unité dans le chaos… Elle démontre que l'Être ne se résout pas à une conjonction de cellules mises en équations. Son jeûne total nous projette enfin dans les hérésies de la *société de consommation*. Elle dit un jour à Jean Guitton : « J'ai envie de crier à ceux qui me demandent si je mange que je mange plus qu'eux, car je suis nourrie par l'Eucharistie du sang et de la chair de Jésus. J'ai envie de leur dire que c'est eux qui arrêtent en eux les effets de cette nourriture. Ils en bloquent les effets. »

L'âme dévoilée

Le cas Marthe Robin interpelle encore le neurologue et le spécialiste des sciences cognitives. Qu'est-ce que la conscience ? Qu'est-ce que la pensée et la croyance ? Quel rapport s'instaure entre l'une et l'autre ? Comment naît la *foi* et comment se transforme-t-elle en énergie vitale et agissante ? Existe-t-il un niveau de conscience qui ne dépend plus seulement du corps, mais où l'*âme* intervient ? Son existence pose avec acuité de telles questions et amène à considérer ce « moi profond » que, parfois, on appelle l'*âme*. Le mot revient constamment chez elle. Elle parle de l'*âme* comme d'une *réalité* qu'elle expérimente quotidiennement. « Je sens mon âme, dit-elle, en transport dans mon pauvre corps déchiré par la souffrance. » Elle ajoute : « Une âme profonde triomphe du corps auquel elle reste unie. » Tel est son territoire. « Dans mon âme, il n'y a plus ni désirs, ni rêveries, ni craintes, et je vis dans le silence intérieur et extérieur, absolument étrangère à ce qui n'est pas Dieu seul et son œuvre », constate-t-elle. C'est la source, le territoire où elle rencontre Dieu.

La découverte de cette intime dissociation entre la conscience (l'être) et l'âme est au cœur de son expérience : « Il faut vraiment un amour fou de la part du Seigneur pour permettre que la souffrance, tourment pour l'*être*, devienne à l'*âme* un supplice ineffable, une incompréhensible jouissance. » L'*être* correspond ici à la prise de conscience de ce qu'elle vit et ressent, à savoir le martyre de la douleur et du handicap. L'*âme* est ce continent immatériel où elle reçoit la grâce, don de l'Esprit qui transfigure sa torture en merveilleuse béatitude. Ce changement ne correspond pas à un effort singulier de la volonté ou de la conscience, mais à un lâcher-prise total qui lui donne de recevoir en plénitude le don de Dieu. « Je sentais mon âme, confie-t-elle, s'ouvrir en Dieu comme une fleur [...], l'intérieur de mon être se développait en une corolle immense, et la rosée du ciel, l'amour me pénétrait jusqu'aux os. » Les repères habituels de la conscience sont repoussés. « Mon âme est assez grande pour contenir l'infini !... Quel mystère ! Quel indicible abîme ! »

Décentrée d'elle-même, Marthe va éviter toute forme de soliloque ou de solipsisme dans lesquels elle pourrait sombrer, car elle est tournée vers Dieu et non pas vers elle. Elle surmonte ces maux du monde moderne et répond à ce que l'individualisme ou l'introspection peuvent avoir de déshumanisant et de destructeur. Elle explique : « Sur terre, l'âme pure est une perle enfermée dans un écrin qui la cache aux yeux du monde ; à la mort le Seigneur la retire de son écrin pour la placer au soleil de l'éternité d'où le brillant éclat de sa lumière attirera vers Lui les regards et les cœurs. » Marthe pénètre de son vivant dans ce que la Bible appelle le « monde invisible » auquel tout être humain est appelé un jour. Elle décrit, dans une de ces visions sublimes qui lui furent données, l'*âme* brillant de mille feux en parvenant au paradis, c'est-à-dire en Dieu, source de toute lumière. Comme on aimerait que la description se poursuive ! Pour atteindre le « Royaume de Dieu », Jésus explique un jour à un notable juif venu le voir à Jérusalem qu'il faut « naître d'en haut », c'est-à-dire « naître de l'Esprit ». La vie de Marthe illustre à sa manière un tel *enfantement*.

À l'homme moderne qui rêve d'une existence bionique, Marthe propose un autre parcours, celui de l'humanisation en Dieu. Elle inverse le modèle selon lequel le pouvoir et la domination appartiennent à la puissance et à l'argent. Sans force apparente, sans défense, sans pouvoir, dans un état de fragilité totale, elle manifeste une force et une capacité d'agir insoupçonnées. Elle devient une icône du vivant. Son *âme* s'élève sur les ruines du corps. Sa conscience se blottit dans ce moi profond et sans limites. Dans le vital et l'essentiel.

Le guide

Marthe appelle le monde à un sursaut au moment où il perd ses repères millénaires en basculant dans ce qu'on appellera la postmodernité. Elle souligne l'urgence et la nécessité d'un changement de vie. Diffuser l'Évangile – la Bonne Nouvelle de Jésus – nécessite de bien le connaître. Cette exigence l'amène à prôner l'organisation de « retraites spirituelles » ouvertes aux croyants et aux non-croyants, accueillis et entourés par les membres des Foyers de Charité. Priorité est ainsi donnée au savoir et à la connaissance.

Elle ne prône pas une rêverie, un délassement émotionnel ou sentimental. Elle parle avant l'heure de cette *nouvelle évangélisation* qui prendra racine dans le concile Vatican II – jusqu'aux exigences aujourd'hui énoncées par le pape François – et qui est devenue une urgence proclamée. Cette « régénération » et cette « renaissance » qu'elle appelle de ses vœux vont « de l'extérieur à l'intérieur ». « Il n'y a pas seulement le travail matériel », répète-t-elle en s'adressant à un monde en proie à une matérialisation croissante et bientôt à la réalité virtuelle. Elle propose la prière, et plus particulièrement celle des enfants, des malades, des personnes âgées, des moines, des ermites… L'agir passe par la voie spirituelle. Les hymnes magnifiques qu'elle a laissés et qui sont autant de demandes et de louanges à Dieu, à Jésus, à la Vierge Marie, à la Trinité… en témoignent admirablement. En s'adressant à la Vierge Marie, elle proclame :

« Ô Mère bien-aimée, vous qui connaissez si bien les voies de la sainteté et de l'amour, apprenez-nous à élever souvent notre esprit et notre cœur vers la Trinité, à fixer sur elle notre respectueuse et affectueuse attention.

« Et puisque vous cheminez avec nous sur le chemin de la vie éternelle, ne demeurez pas étrangère aux faibles pèlerins que votre charité veut bien recueillir ; tournez vers nous vos regards miséricordieux, attirez-nous dans vos clartés, inondez-nous de vos douceurs, emportez-nous dans la Lumière et dans l'Amour, emportez-nous toujours plus loin et très haut dans les splendeurs des cieux.

« Que rien ne puisse jamais troubler notre paix, ni nous faire sortir de la pensée de Dieu, mais que chaque minute nous emporte plus avant, dans les profondeurs de l'auguste mystère, jusqu'au jour où notre âme, pleinement épanouie aux illuminations de l'union divine, verra toutes choses dans l'éternel Amour et dans l'Unité. »

Mais Marthe est trop réaliste pour demeurer dans le registre de l'incantation. Elle utilise une force agissante, celle de l'Esprit qui peut aider, affirme-t-elle, chaque être humain quel qu'il soit à se dépasser et à se réaliser. « Même sans génie, même sans talent, même sans instruction, une âme qui a la grâce a tout le suffisant, dit-elle, pour vivre la plus profonde, la plus sainte vie. Parce que, avoir la grâce, c'est avoir le recours suprême ; la demander avec mesure pleine et abondante, c'est faire la plus indispensable des prières. »

Cette force fondamentale au cœur de la création, c'est l'Amour, centre de toute vie qui mène à l'essentiel. « Pour aller au ciel, affirme-t-elle, il faut avoir, il suffit d'avoir une âme d'amour. Mais pour avoir une âme céleste, un cœur libre et empreint d'amour divin, un corps patient et obéissant à tout, pour aspirer au sommet de la perfection… il faut aimer ! » L'amour est le ciment et la source de toute vie. Et Marthe y participe. « Ma mission, résume-t-elle, est de faire aimer Dieu en débordant d'amour […]. Mon âme ne peut donner aux autres que du trop-plein d'elle-même, que le surplus qui lui est donné. On ne peut faire aimer l'Amour que dans la mesure où on le possède, comme on ne peut rayonner que si on porte en soi la Vérité, qui est la Lumière. »

Cette finalité est d'une cruelle actualité quand on pense à ceux et celles qui songent à rejoindre le Ciel en pratiquant l'ultra-violence et en semant la mort, et à quels excès ont conduits les extrémismes religieux depuis l'aube des temps. « J'aime tout le monde, constate-t-elle, parce que c'est à Dieu que j'ai demandé de pouvoir, de savoir le faire. Et mieux je les connais, plus je les aime. »

Pour autant, Marthe ne se présente pas comme une victime expiatoire. Son expérience permet de dissocier le geste d'offrande qui est le sien, c'est-à-dire le don, de celui du bouc émissaire, victime offerte par celui qui ne veut pas avoir à se donner lui-même. « L'âme est comme la terre, il faut qu'elle soit déchirée pour être féconde », résume-t-elle dans une de ces fulgurances dont elle a le secret. Marthe sème le goût et le désir de l'essentiel, qui invitent à aller plus loin, au-delà de soi-même, à dépasser le quotidien, l'apparent pour trouver la Vérité dans les trésors du silence, la méditation et la prière. Et tout cela est très concret ! « Je sais que Dieu est là, affirme-t-elle. Il me regarde, il m'enveloppe de son Amour. » Elle résume cette approche dans une de ces formulations à la foi limpides et mystérieuses dont elle a le secret : « Chercher Dieu, c'est la foi ; le trouver, c'est l'espérance ; le connaître, c'est l'amour ; l'espérance, c'est reconnaître les grâces que Dieu nous fait. »

Un jour de mars 1971, elle déclare à un groupe de jeunes filles de 17-18 ans, terminant leurs études au lycée du Foyer : « La grande conquête que nous avons à faire est celle de la liberté. » Ces mots semblent tout droit sortis de la bouche de Simone de Beauvoir ou d'un discours féministe. Mais c'est Marthe Robin qui parle et elle ajoute immédiatement : « La seule liberté indépendante est celle de Dieu. » Ne pas le reconnaître ou ne pas en tenir compte revient à prendre peu ou prou la place de Dieu.

Elle ouvre des portes, éclaire, illumine selon la capacité du regard de chacun. Elle offre un extraordinaire exemple de ce que peut être le conseil spirituel dans le respect, l'attention compassionnelle, l'écoute, le silence, l'économie de mots... À un couple qui l'interroge un jour, elle répond : « Malgré toutes ses déformations, l'amour de deux êtres qui se donnent librement l'un à l'autre reste l'une des choses les plus sublimes qui soient ici-bas. » C'est simple et clair à la manière de Marthe, et en même temps d'une profondeur et d'une transparence singulières.

D'une manière générale, elle privilégie la suggestion et sollicite toujours la responsabilisation. Elle n'exclut pas, pour autant, la fermeté sur les principes en se situant dans une parfaite cohérence avec l'enseignement de l'Église. Elle parle comme elle vit avec la même simplicité et humilité. Elle fuit la facilité et la démagogie. Elle n'ajoute jamais des fardeaux inutiles à ceux que la vie propose ! Elle a fait de la relation interpersonnelle un art illustrant jusqu'à la perfection son projet de vie communautaire. Parfois, sa pensée s'élève si haut qu'il n'en est guère qui peuvent la suivre. Elle n'oublie personne ! « L'humilité, explique-t-elle, est la connaissance de soi en Dieu, la vérité est la connaissance de Dieu en lui-même et en nous. De ces deux vertus naît l'espérance. »

Marthe est le témoin de la miséricorde de Dieu. Chaque rencontre avec elle est un moment particulier, car chaque visiteur est pour elle vraiment unique, et il le sent bien. Cet humanisme pragmatique répond par avance aux délitements du respect dans les rapports humains, aux méfaits de la mondialisation et aux repliements mortifères. Marthe parle de ce monde en rupture que nous connaissons aujourd'hui et des nouveaux risques qu'il fait courir. « Ne regardons ni trop en avant, ni trop en arrière, mais toujours en haut », conseille-t-elle.

L'héritage

Comment situer Marthe Robin dans le panthéon des grandes figures du christianisme auquel elle appartient ? Il est trop tôt aujourd'hui pour apporter une réponse définitive à cette interrogation. Certes, de nombreux livres ont été écrits sur elle, notamment par des personnes qui l'ont bien connue, et ces récits de souvenirs aident à mieux l'approcher, mais aucune étude approfondie, à l'exception du témoignage pénétrant de Jean Guitton, n'a apporté les clés de compréhension nécessaires à une telle identification. C'est là un manque. Sans doute faut-il laisser au temps le soin d'opérer une décantation propice, en donnant à l'historien le recul nécessaire à une saine réflexion. Marthe Robin, comme tous les grands mystiques, et peut-être plus encore, est un sujet délicat à saisir. Son extrême singularité peut provoquer chez l'observateur un saisissement, pour ne pas dire une sidération, qui laisse sans voix !

Pourtant, chez elle, en paraphrasant une célèbre formule de McLuhan, *la vie est le message*. Quoi de plus abordable en apparence ? Or voilà que l'inverse se produit parce que ce *message* est indicible.

Marthe incarne le mystère, à travers une existence qui lui fut à la fois offerte (sa survie) et qu'elle a offerte (ses Passions hebdomadaires) à l'imitation du Christ, *sauveur du monde*, mort sur la Croix. Elle se situe, ainsi, au cœur de la révélation chrétienne dont elle propose, à l'ère de l'image, une manière d'illustration.

Son existence *montre* qu'une autre *vie* existe, et ses Passions que le Christ y donne accès. L'affaire se déroule dans un climat constant de simplicité et d'humilité, comme cette modeste ferme où elle a passé sa vie. Chacun reste alors libre de *voir* et de croire.

Elle utilisa aussi le langage mystique, et le registre de l'enchantement, en nous laissant des méditations, des prières et des hymnes sublimes. Ce sillon, elle le traça tout particulièrement dans le champ marial et trinitaire. Mais là encore, sa singularité a retardé une complète reconnaissance.

Enfin, elle fit passer à ses visiteurs, tout au long de sa vie, des *messages* sous la forme d'apophtegmes, à la manière des saints ermites du désert égyptien dans les premiers siècles de notre ère. Ces déclarations-là, généralement concises, étaient extraordinairement éclairantes. Sur le ton de la conversation, elle allait à l'essentiel. Sous le couvert d'une banalité apparente, elle touchait au génie à tel point qu'on pouvait s'y méprendre ! Il fallait prêter l'oreille... Marthe Robin communiqua ainsi de manière subtile, pour ne pas dire sophistiquée, dans le triple registre de l'agir, de la sensibilité et de la raison. Elle laissa l'Esprit s'exprimer en elle sans lui faire obstacle. Elle a dit l'au-delà du monde comme elle l'a côtoyé et fut, par moments, tellement *transparente* que, sans doute, on la perdait de vue !

J'ai rencontré un jour à Aix-en-Provence, la ville où j'habite, un pharmacien qui, ayant appris que j'avais écrit un livre sur elle, m'a confié : « Je suis allé faire une retraite à Châteauneuf-de-Galaure quand j'avais 18 ans et j'ai été marqué pour la vie. » Il était « monté à la ferme », comme tant d'autres, il avait vu Marthe et il n'a plus été tout à fait le même depuis ce moment-là. Il a rencontré beaucoup plus que Marthe Robin. Bien des gens ont eu cette intuition fulgurante, qui n'est pas une illusion pieuse ou le fruit d'une simple émotion religieuse. Des dizaines de milliers de personnes sont ainsi restées d'une manière ou d'une autre dans l'*orbite* de Marthe. Ils forment aujourd'hui une foule invisible et anonyme qui témoigne à sa manière de son héritage. Cette sorte de *toile* spirituelle continue de rayonner discrètement dans les âmes et le monde.

L'originalité des Foyers

Il n'est guère de mouvement qui, dans l'histoire religieuse, échappe à une croissance mouvementée, pour ne pas dire tumultueuse. Les Foyers de Charité ne font pas exception à la règle, d'autant que Marthe Robin se situe dans l'évolution réformiste qui est celle de l'Église depuis le concile Vatican II, qu'elle a devancée de façon prophétique. Elle est au cœur de l'Histoire en train de se faire. Aujourd'hui comme hier. Et cela est naturellement vrai pour ses héritiers qui se trouvent face à trois défis majeurs. Le premier est le rôle des laïcs dans l'Église. Le deuxième concerne la place de la vie communautaire parmi les chrétiens. Le troisième souligne l'importance du savoir religieux dans la foi et son édification. Alors qu'à l'aube du XXIe siècle se pose, en termes nouveaux, la question du religieux et du vivre ensemble, du communautarisme et du repliement identitaire, et de la religion transformée en slogans, ces trois thèmes interrogent l'homme moderne, avide de liberté et de bonheur, de vraies références et en même temps de solidarité. Marthe a perçu par avance ces aspirations profondes dans un monde qu'elle ne savait pas encore mondialisé et où les Foyers de Charité essaient d'apporter des réponses pertinentes.

Marthe n'a laissé aucune constitution ou réglementation susceptible de structurer le mouvement, qui s'était créé autour d'elle et avec elle pendant un demi-siècle. Ce ne fut pas négligence de sa part. Ses conseils, avis, suggestions… avaient indiqué un cap à suivre de manière à la fois très pragmatique et hautement spirituelle, tout en privilégiant une incontestable autonomie et la liberté de chaque Foyer. Elle n'entendait pas fixer l'ensemble dans la gangue d'une structure préétablie. Lorsqu'elle était consultée sur tel ou tel problème qui pouvait se poser ici ou là, elle renvoyait le plus souvent au bon sens – et Dieu sait si elle en était pourvue ! – et au discernement des responsables sur le terrain, au cas par cas.

Elle était favorable à une forme d'autogestion, fruit de l'expérience et d'une approche pragmatique dans un idéal partagé. Mais ces bonnes intentions ont dû se matérialiser dans une structure adéquate. Ce fut long et difficile. À sa mort, tout restait à faire pour assurer la pérennité d'un mouvement qui s'était développé avec une force et un dynamisme que personne ne contestera. Il fallut créer une structure adaptée sans tarder, car nul moule ne correspondait à ce projet, ce qui ajouta à la difficulté. Le Vatican poussa à la manœuvre. Un débat fondamental et parfois orageux opposa les tenants d'un nouvel ordre religieux à ceux qui ne s'y retrouvaient pas, en faisant valoir, à juste titre, que les Foyers de Charité étaient composés de laïcs et non de religieux ! Cette évidence s'imposa quoique non sans mal. Les Foyers de Charité furent finalement reconnus en tant qu'« association privée de laïcs de caractère international » par un décret pontifical du 1er novembre 1986. Cette clarification fut capitale. Le débat ainsi tranché n'était pas seulement juridique ou canonique. Le rôle et la place des laïcs face aux religieux étaient reconnus en cette occurrence.

Cette reconnaissance ne réglait pas tout. Il fallut en définir le périmètre. De longues discussions furent nécessaires, qui montrèrent à nouveau le caractère à la fois original et innovant des réponses à apporter. Des « statuts définitifs » furent finalement promulgués à Rome, le 8 décembre 1999, par le Conseil pontifical pour les laïcs. Les Foyers avaient trouvé enfin un cadre général. Une nouvelle étape décisive venait d'être franchie, mais tous les problèmes n'étaient pas résolus pour autant ! L'application nécessitait encore de nombreuses mises au point. Sous des aspects apparemment organisationnels se posaient toujours les mêmes questionnements sur le rôle et la place des laïcs ou des prêtres au sein des Foyers. Suivre ce long cheminement n'est pas toujours aisé pour le profane qui méconnaît les arcanes de telles procédures. La gestation fut également douloureuse en raison des courants divers, pas toujours convergents, présents au sein même des Foyers.

Une nouvelle étape a été franchie en juin 2016, à l'occasion d'une assemblée générale réunissant à Châteauneuf-de-Galaure 250 délégués venus du monde entier. À la demande expresse du Vatican, les Foyers se sont dotés alors d'un système de décision propre, au niveau international, à savoir d'un « conseil » et d'un « père modérateur international » alors que jusqu'ici la responsabilité en revenait au « père du Foyer central » de Châteauneuf. Lors de cette même assemblée, les statuts ont été, une nouvelle fois, affinés sur un point tout à fait essentiel : interdiction faite dorénavant au « père » d'un Foyer d'être également le « confesseur » d'un membre de ce Foyer, afin de distinguer « pouvoir » spirituel et pouvoir temporel, et d'éviter les abus auxquels pouvait conduire une telle confusion comme nombre de « scandales » dans d'autres institutions l'ont montré. Les Foyers de Charité sont donc aujourd'hui autonomes sous le contrôle du Vatican et de l'évêque du diocèse où ils sont implantés. Ce cheminement peut sembler cahoteux. L'Église se doit de respecter – ce que l'on oublie parfois – les étapes et les échelons d'une organisation deux fois millénaire. Le temps et le doublement des procédures sont garants de prudence pour les décideurs vaticanistes.

Les discussions se poursuivront encore dans les années à venir et le débat restera animé. Les héritiers de Marthe Robin peuvent finalement s'en réjouir en se rappelant qu'elle a toujours placé les Foyers dans une position de responsabilisation qu'ils devaient assumer. Si le mouvement a pu subir, au fil des ans, le contrecoup de ces atermoiements, il a gardé un incontestable dynamisme. Il existe 75 Foyers de Charité présents dans 41 pays. Environ un millier d'hommes et de femmes, célibataires ou mariés, avec ou sans enfants, y vivent en communauté avec un « père » (toujours un prêtre) pour les guider (et parfois quelques religieux). Le plus grand nombre de ces Foyers (25) se trouvent en Afrique, répartis dans 17 pays. On en recense 24 en Europe dans 7 pays, dont 13 en France.

En quête d'un futur

Les Foyers de Charité sont, selon le vœu de Marthe Robin, à la fois des centres d'enseignement ouverts à tous, y compris aux non-chrétiens, et des communautés au sein desquelles des laïcs apprennent à vivre ensemble. Quelle est leur identité propre dans le paysage religieux actuel ? Quelle est leur finalité ? Comment peut s'articuler cette structure bicéphale à la fois communautaire et centre d'enseignement ?

Le père Moïse Ndione, responsable international des Foyers, parle d'un « nouveau départ » et insiste, dans une lettre adressée en juillet 2016 à « tous les Foyers », sur la nécessité d'une « réflexion profonde ». Les principales interrogations concernent la fonction de « père de Foyer » telle qu'elle a été redéfinie et la mission d'enseignement des Foyers. Le mouvement se trouve à un tournant. La manière dont il sera négocié dépend très largement de la façon dont il sera répondu à ces deux questions.

Le rôle du père

La place du « père », un prêtre, au sein de chaque Foyer, conçu comme « une famille », selon le vœu de Marthe Robin, se heurte à certaines difficultés aujourd'hui. On ose poser une question que l'on taisait hier : quel est le rôle du « père » dans cette « famille » ? Comment éviter les excès d'autoritarisme et les emprises psychologiques que ne peut pas justifier la sainte règle de l'obéissance ? Comment articuler le pouvoir des laïcs et ceux du prêtre ?

En France, en particulier, un certain nombre de Foyers n'ont plus de « père », comme cela devrait être le cas, alors que les prêtres ne manquent pas, en général, dans les communautés nouvelles. Ce constat fait craindre à certains une dérive du projet de Marthe Robin vers une sorte de nouveau laïcat communautaire. Des tensions existent. Des tentatives de récupération du mouvement dans un esprit qui n'est pas toujours celui des premiers temps se font jour. Cette quête identitaire est sans doute responsable d'un recul ou d'une stagnation dans certains pays. Il est clair que la moyenne d'âge des membres est de plus en plus élevée dans de nombreux Foyers en raison du manque de nouvelles adhésions.

La situation des laïcs continue d'interroger... Leur situation peut-elle évoluer après leur entrée ? Les célibataires ont-ils la possibilité de se marier, notamment avec une personne déjà présente dans le Foyer ? Comment les couples mariés avec des enfants peuvent-ils harmoniser l'intimité familiale nécessaire avec une vie communautaire ? Quelle est la place des enfants ? À ces questions difficiles que l'on retrouve dans d'autres structures communautaires du mouvement charismatique, différentes réponses ont été apportées avec pragmatisme, sans qu'il y ait de solution miracle. Les Foyers recherchent les leurs.

Le contenu de l'enseignement

Plus de 50 000 personnes viennent faire un séjour et participent, chaque année, à des retraites dans les Foyers de Charité à travers le monde. Marthe espérait que chaque « Foyer de Charité, de Lumière et d'Amour » soit un phare capable d'éclairer et de guider l'Humanité. Elle fut là aussi visionnaire. Le besoin de formation et d'information sur la foi chrétienne n'a sans doute jamais été aussi fort.

Le père Hervé Gosselin, ancien « père » du Foyer de Tressaint (France), nommé évêque d'Angoulême en 2016, souligne : « Si ma foi ne se nourrit pas, je finis par la trouver obsolète et dépassée. » Cette nécessité prend, évidemment, une importance toute particulière en ce début du XXIe siècle que l'on reconnaît en perte de repères et de valeurs, y compris chez les catholiques, et où les changements de paradigme sont si profonds. La pensée comme la croyance ont besoin de socle et de fondation à l'heure où la confusion saisit les esprits dans le tourbillon des apparences. Le besoin existe. Le public est demandeur. Mais que faire ? Comment les Foyers doivent-ils se positionner dans l'offre religieuse ? Deux courants en leur sein se dessinent. Pour les uns, il est nécessaire de privilégier les « retraites fondamentales » en demeurant centré sur la diffusion du message évangélique. Un ancien père de Foyer, qui est un des doyens du mouvement, y voit une fidélité essentielle à la volonté de Marthe Robin, quitte à élargir les thèmes de certaines sessions pour « montrer comment la foi chrétienne se vit à travers toutes les réalités du monde ». Pour d'autres, des « retraites spirituelles » sont également nécessaires pour participer à l'éveil des consciences et aux besoins de chacun. Ce débat se situe tout à fait au cœur des préoccupations de l'Église sur l'évangélisation et les modalités qu'elle peut prendre.

L'originalité des Foyers demeure dans cette cohabitation entre une communauté et un centre de formation. L'une est nécessairement liée à l'autre, dans l'accueil et la prière commune entre accueillants et accueillis. Le silence qui est la règle et un climat de paix et de sérénité, favorisé par la communauté accueillante, participent à cette quête dont les Foyers n'ont cependant pas le monopole.

Marthe Robin a été déclarée « vénérable » en 2014 par un décret du pape François. Cette étape est un préalable nécessaire, mais pas suffisant, pour qu'elle soit béatifiée. Une information a laissé entendre qu'elle le serait en 2016. Des journalistes furent prévenus. Des dispositions ont été prises à Châteauneuf-de-Galaure. Une date a même été fixée. Il n'en fut rien.

La vénérable de Châteauneuf-de-Galaure se range aujourd'hui aux côtés des plus hautes figures spirituelles qui ont établi un lien direct avec la divinité dans une relation *unifiant* la chair et l'Esprit. Elle fut habitée par cette certitude selon laquelle l'Esprit l'emporte, parce qu'elle en a fait durant plus de cinquante ans l'expérience. En défiant toute normalité, elle a utilisé des moyens inattendus, remarquables, et spectaculaires – ne craignons pas de le dire ! – pour diffuser de façon originale et singulière les informations dont elle était porteuse dans un siècle qui se dit communicant. Là encore, elle fut pleinement de son époque.

Il n'est pas surprenant, dans ces conditions, que bien des questions concernant sa vie ou sa mort, dans d'étranges circonstances qui n'ont pas été élucidées, laissent planer un voile d'étrangeté sur celle qu'on appelait parfois « la stigmatisée ». Les recherches nécessaires n'ont pas toujours été entreprises de son vivant ou après son décès, ce qui a contribué à engendrer des suspicions par la suite, même auprès de ceux chargés de garder sa mémoire. Certains sont même allés jusqu'à remettre en cause les conditions dans lesquelles Marthe a assumé son handicap. N'a-t-on pas affirmé qu'elle était capable de descendre de son lit et de ramper… ou encore qu'elle se nourrissait en cachette ?

Sa survie sans manger ni boire durant plus de cinquante ans peut paraître si extravagante qu'elle conduit à émettre des hypothèses qui ne le sont pas moins ! Marthe Robin pose un formidable défi à l'intelligence alors même que les limites de notre savoir semblent progressivement s'affranchir de l'humain grâce aux neurones artificiels et au *deap learning*.

Les textes emblématiques

La souffrance

Mon âme soupire dans le froid et morne silence d'une nuit où règnent d'absolues ténèbres.

Dieu attise en moi chaque jour plus ardentes les flammes de la douleur, le torrent augmente toujours ; chaque jour, mon corps est plus meurtri, mon cœur plus désolé, mon âme plus éprouvée. J'aurais tant besoin d'appuyer ma tête sur une épaule amie.

Quand finira mon martyre ?… À vivre ou mourir, je m'abandonne, bien que ce soit la mort que j'envie, et non la vie.

Ah ! Je comprends le découragement, l'irritation, la révolte même dans l'épreuve pour ceux qui n'ont pas la foi !

Voici la fin de l'année 1930 […]. Tout mon être a subi une transformation aussi mystérieuse que profonde. […] Mon bonheur actuel sur mon lit d'infirme est profond, durable parce que divin.

Je pense à la route parcourue depuis le début de ma maladie ; de cette pensée, il n'en ressort que de l'amour, de la reconnaissance envers Dieu si miséricordieux et si bon. Quel travail ! quelle ascension Dieu a opérée en moi ! Mais que de soubresauts de cœur, que d'agonies de volonté il faut pour mourir à soi…

Oui, l'année a été douloureuse par la permanence des souffrances, féconde aussi je l'espère. N'est-ce pas sur les ruines de la santé que l'âme ressuscite ?

[…] j'ai pu pousser ma confiance jusqu'aux plus extrêmes limites et demeurer apparemment calme, sereine, quand l'être entier gémit et frissonne dans la souffrance qui brise, qui torture…

Je le sais […], je suis trop petite pour pouvoir quoi que ce soit si mon bien-aimé [*Jésus*] n'est avec moi, s'il ne me tient pour ainsi dire dans ses bras […]. Lui seul est mon bien, mon tout […]. Je me sens si faible que, sans ce céleste feu qui me ranime et me soutient autant qu'il me consume, je ne pourrais résister.

Je suis quelquefois étonnée qu'au milieu de tant de souffrances ma vie soit si étrangement, si mélancoliquement belle, d'une mélancolie qui est loin d'être de la tristesse, puisque c'est elle qui maintient ma joie, qui me donne Jésus, qui me livre tout entière à son Amour et met en même temps dans mon cœur et sur mes lèvres l'épanouissement nécessaire à mon état. C'est pourquoi je ne trouve jamais le temps trop long et qu'il ne me vient jamais à la pensée de demander du soulagement, du répit dans mes douleurs.

Jésus ne nous demande point de rechercher la douleur, mais quand elle vient, ne la repoussons pas, c'est une amie qu'il faut comprendre… L'âme peut en sortir si belle.

On approfondit son cœur par la souffrance plus que par la joie !…

Ah ! Que l'amour est puissant quand il est uni à la douleur, à l'épreuve ; mais qu'épreuves et souffrances sont peu de chose quand l'amour n'y est pas.

Oui, c'est très vrai, la voie la plus difficile est rendue facile par l'abandon et l'amour.

Dans toutes mes souffrances, ma vie est un bonheur[1].

L'agir

La maladie retranche nos moyens d'action, mais elle en crée d'autres plus généreux, plus difficiles aussi… peu compris, mais si peu étudiés.

1. Textes tirés du *Journal* de Marthe Robin. © Les Foyers de Charité.

Oh ! Que je suis [...] intérieurement brisée et torturée. Jour et nuit, tout mon être gémit dans le feu, tourmenté par la souffrance. [...]

D'où vient que, comme malgré moi, mon visage sourit à mon entourage quand il voudrait pleurer, ma langue parle quand elle voudrait rester muette, mon esprit s'intéresse aux besoins, aux peines des autres quand il voudrait se renfermer ? [...]

D'où vient que je sois si spontanément à la disposition de tous ?

Mon cœur chante, prie, bénit aujourd'hui avec une ardeur, un enthousiasme sans fin.

Pour laisser Dieu agir librement, il faut se quitter volontairement. Toute difficulté à l'action de la grâce [*c'est-à-dire de Dieu*] réside au-dedans de nous ; c'est notre incorrigible orgueil qu'il faut déraciner, c'est le trône de notre moi qu'il faut briser.

Il faut mourir à soi pour vivre de Jésus [...]. Mais on ne parvient au terme de l'union parfaite que par la voie de l'humilité et de l'amour.

Je ne m'absorbe pas à regarder à côté, ni en bas, mais plus haut toujours.

Le cœur est l'expression vivante et palpitante, le foyer de tous nos sentiments. Le cœur est une harpe sensible, la main qui l'effleure le fait aussitôt vibrer… plus souvent gémir et souffrir.

Constater le peu que nous sommes, par le peu que nous pouvons, est une vertu excellente pour pouvoir beaucoup mieux et pour monter bien haut… ou descendre souvent bien profond… tout au fond de notre néant[1].

Lâcher-prise

Mon Dieu, prenez ma mémoire et tous ses souvenirs, prenez mon cœur et toutes ses affections… prenez mon intelligence et toutes ses facultés ; faites qu'elles ne servent qu'à votre plus grande gloire… prenez ma volonté tout entière… c'est à jamais que je l'anéantis dans la vôtre.

Prenez-moi… recevez-moi… dirigez-moi… guidez-moi ! À vous je me livre et je m'abandonne !

Ô mon Dieu, tout mon pauvre moi est à vous ! […] Que je n'aie plus de pensées, de vouloirs, de désirs, d'intérêts, de joies et de souffrances que les vôtres.

Détruisez en moi tout ce qui peut vous résister, vous gêner, vous déplaire… Consumez tout dans votre immense amour, réduisez tout à votre aimable empire !

1. Textes tirés du *Journal* de Marthe Robin. © Les Foyers de Charité.

Plus de moi... Plus de mien... Plus rien... Vous seul, ô mon Jésus... rien que vous seul toujours ! Soyez vraiment ma vie, mon amour et mon tout !

Que toute ma joie ici-bas soit de vous faire connaître bon comme vous êtes bon, de vous aimer, de vous imiter, de vous offrir au nom et pour toutes les créatures. Que tout en moi exprime mon amour pour vous.

Ô Jésus, prenez mon cœur, tout mon cœur, il ne demande et soupire de n'appartenir jamais qu'à vous seul ! Gardez-le toujours près du vôtre, gardez-le tout entier dans le vôtre, gardez-le à jamais pour le vôtre afin qu'il ne se livre et s'épanche dans aucune créature.

Ô Jésus ! Que mon cœur soit vraiment l'autel de votre amour et que ma langue publie à jamais vos miséricordes !

Daignez, je vous en supplie, sanctifier toutes mes paroles, toutes mes actions, toutes mes intentions, tous mes désirs ! Soyez à mon âme son trésor et son tout ! À vous, je la donne et je l'abandonne[1] !

Auprès de Dieu

Je sens continuellement le regard de mon Dieu posé sur mon âme, paix inexprimable, profonde et durable : c'est celle de Dieu. Être seule avec Dieu

1. Textes tirés d'*Acte d'abandon* de Marthe Robin. © Les Foyers de Charité.

seul, sous le rayonnement de son divin regard, de son amour. Que c'est bon !

Pour vivre avec Dieu, il faut vivre au-dedans de soi, ce qui ne signifie pas vivre pour soi, renfermé, rétréci, exclusif. Non, l'union à Dieu au contraire agrandit le cœur, dilate l'esprit... Elle idéalise l'être.

Ma petite chambre est un vrai ciel de délices intérieures, une antichambre du Paradis.

Ô Marie ! [...] donnez à tous de comprendre la grande valeur du silence, dans lequel on entend Dieu !

Ah ! La paix, comme la lumière, n'est qu'en Dieu seul ; elle est le festin perpétuel de l'âme humble et pacifiée.

Vous seul, ô Dieu d'Amour, savez dire les mots qui soulagent et qui transfigurent les inconsolables douleurs.

Sans la patience, il n'y a point de paix, il n'y a point de bonheur.

Il faut s'appliquer à avoir toujours la paix en nous, dans les joies et dans les douleurs.

La paix est l'état journalier de mon âme, dans un continuel acte d'amour.

J'ai toujours compté, mais plus maintenant que jamais, sur la toute miséricordieuse puissance de Jésus qui jamais, jamais n'a déçu l'espérance que j'ai mise en son amour.

Je compte sur lui sans cesse, assurée que s'il me trouve chaque jour fidèle au degré d'humilité et d'amour où il me veut, il me sera lui-même très fidèle jusqu'à la fin[1].

La vie mystique

Le surnaturel, le divin envahit mon âme.

Je demeure sur la terre, mais c'est dans le ciel que je vis.

Ah ! Le ciel, comme il est près, et comme il est loin !

Qu'il fait bon passer du monde visible au monde invisible ! [...] Peut-on attacher ses yeux sur ce Dieu d'amour tout ruisselant de lumière, peut-on le contempler resplendissant de gloire et de beauté, sans désirer le ciel avec ardeur ?

Mon cœur était plongé, enfoncé, fondu dans cet Océan de feu, dans ce Paradis de délices, et il me

1. Textes tirés du *Journal* de Marthe Robin. © Les Foyers de Charité.

semble très véritablement que je ne vis plus que par le Cœur divin.

Je me sens toute noyée, toute perdue dans la lumière.

Avant, j'allais dans la foi, je cherchais la lumière ; maintenant, ô mystère, c'est le réel, c'est l'ineffable. Je fais plus que sentir, plus que connaître : je goûte, je vois, je comprends… je vis dans la lumière.

Je sens comme une vague brûlante qui envahit tout mon être… C'est la douce présence de mon Dieu, plus sensible que jamais… C'est sa voix bien-aimée qui enivre mon âme de joie… C'est la chère intimité dans l'union et l'amour…

Me voilà tout près de Dieu, dans son immensité. Tout ce que mon âme voit, tout ce qu'elle entend, tout ce qui l'enveloppe me révèle sa puissance suprême, infinie… et me semble réduite à rien… rien… perdue en Dieu ! Ah ! Que c'est bon !

Je ne puis toujours pas dormir, ce feu dans mon cœur dont la douleur m'est si douce me donne de telles ardeurs, qu'il me semble que je vais brûler toute ; et je me sens tellement remplie de mon Dieu, perdue en lui, que je ne vois pas comment l'exprimer.

Ô Lumière et Vie ! Je vous aime et vous rends grâce, vous qui avez approché mes lèvres assoiffées de cette Source qui désaltère, qui enivre les bienheureux dans le ciel.

L'Amour m'enveloppe ! Je me sens tout inondée, envahie d'Amour. Mon âme est tout entière ensevelie, absorbée dans cette immensité de flammes… Je me perds en Dieu.

Je ne suis plus rien, Lui seul [Dieu] est tout. […] Que mon âme ne soit plus qu'une transparence de Dieu ; m'effacer… n'être plus.

Voici l'apparition tant aimée… Jésus… lui enfin […]. Ce que Dieu fait sentir et entendre à l'âme […] elle ne peut ni le dire, ni le dépeindre sans le décolorer affreusement […].

Tout est trop merveilleux, ineffablement trop beau… trop incomparable. L'Amour est au-dessus de toutes paroles…

Le surnaturel est insaisissable, indéfinissable […].

Comment Dieu opère-t-il un si étonnant prodige ?… Mystère ! Je ne puis le comprendre.

Ce que je sais très bien, c'est que je vis en pleine réalité.

Le divin, le surnaturel est ma vie plus que l'air que je respire. Conduite, attirée par Dieu, mon âme s'y plonge sans fin.

Tout est calme et doux dans cette grande solitude où je goûte, dans une paix profonde, la divine et suave présence de Jésus en ma petite âme !

Mon âme, baignée dans la lumière, inondée de grâces, s'ouvre de jour en jour plus largement, plus divinement aux grandes vérités éternelles.

Je m'enfonçais toujours et toujours dans la mer de feu qui, à mesure, devenait aussi plus intense.

Un attrait, une flamme montaient, montaient en moi, en même temps que je me sentais attirée vers une lumière, quelque chose d'inconnu, et ceci avec une telle puissance, un tel imprévu, qu'il me semblait que j'entrais comme en Dieu, tout mon être abîmé, noyé dans cet Océan de beauté, de sainteté et de tout amour.

Ô mystère ! Mystère ! Je ne comprends pas, je ne sais pas dire ; ce que je puis affirmer, c'est que Jésus grandit, se reproduit magnifiquement en moi, avec une réalité aussi visible que merveilleusement admirable[1].

1. Textes tirés du *Journal* de Marthe Robin. © Les Foyers de Charité.

L'amour

Dans l'Amour ! Dans l'Amour !... Je suis dans l'Amour... je fais un avec l'Amour... je le porte en moi... je vis de lui en Lui. Mon être entier brûle d'amour, avec une ivresse, une intensité incomparables.

Qu'elle est pure et céleste, ma joie ! Qu'il est profond et divin, mon bonheur ! Dans mon âme, vrai déluge d'amour !

Ma principale pour ne pas dire unique activité, c'est la vie intérieure, fervente, ardente... c'est l'amour !

Dieu est grand, grande est sa miséricorde, et son amour contient tout.

Quelle douce paix en moi et quelle félicité sans mélange ! Quel don de tout mon être ! Quel oubli des souffrances, des peines, des fatigues dans cet abandon à l'Amour ! Quelles heureuses larmes ! Quelle surhumaine abondance de joie dans toute cette vague de douleurs !

Dieu ne nous demande pas toujours de soupeser et repeser nos péchés passés, mais de vivre dans le bel aujourd'hui de son amour.

L'amour triomphe de tout, surtout c'est par lui qu'on acquiert l'immortalité[1].

La mort

J'étonne les gens en leur disant que je vis pour mourir, que la mort est la grande idée, le sens de ma vie. [...] Elle n'est pas une fin comme, hélas, encore trop le pensent, mais le commencement d'une belle naissance. Elle ne marque pas l'heure de la dissolution d'une créature mais son véritable développement, son plein épanouissement dans l'amour. Elle complète notre possession de la vie divine, en supprimant les obstacles qui, ici-bas, nous empêchent d'en jouir à notre aise.

Elle nous permet enfin de vaquer librement à l'Éternel Amour, d'avoir conscience qu'il se donne à nous et de demeurer à jamais en Lui.

La vie d'ici-bas n'est que le voyage qui nous conduit à l'immortalité.

Nous sommes assis dans les ténèbres de la mort et nous ne savons voir ni plus haut, ni plus loin que la terre. Dieu nous échappe parce que notre âme n'est pas assez pure, assez limpide, assez dégagée

1. Textes tirés du *Journal* de Marthe Robin. © Les Foyers de Charité.

des liens terrestres qui nous prennent par tous nos sens.

Que la lumière se lève dans nos esprits enténébrés pour nous montrer la voie de la paix[1].

Sur la terre, l'âme pure est une perle enfermée dans un écrin qui la cache aux yeux du monde ; à la mort, le Seigneur la retire de son écrin pour la placer au soleil de l'éternité d'où le brillant éclat de sa lumière attirera vers Lui les regards et les cœurs.

Hymne à l'Esprit saint

Esprit saint, Dieu d'amour, venez tel un vent puissant dans nos cathédrales, dans nos églises, dans nos chapelles, dans nos cénacles, dans les plus luxueuses maisons comme dans les plus pauvres demeures. Emplissez la terre entière de vos lumières, de vos consolations et de votre amour.

Venez, Esprit d'amour, apportez au monde la fraîcheur de votre souffle sanctifiant. Enveloppez tous les hommes du rayonnement de votre grâce ! Emportez-les tous dans les splendeurs de votre gloire. Venez les réconforter dans le présent encore si lourd d'angoisses, éclairez l'avenir incertain de

1. Textes tirés du *Journal* de Marthe Robin. © Les Foyers de Charité.

beaucoup, raffermissez ceux qui hésitent encore dans les voies divines.

Esprit de lumière, dissipez toutes les ténèbres de la terre, percez les nues de vos mystérieuses clartés. Révélez-vous aux hommes et que ce jour soit l'annonce d'une nouvelle aurore. Emplissez tous les cœurs de vos dons multiples et précieux.

Divin Esprit, feu d'amour, joie qui surpasse toute plénitude, lumière qui met en fuite les plus lamentables obscurités ; inspirateur de toute louange.

Esprit de vérité, établissez toutes les âmes dans le goût des choses saintes. Faites-les pénétrer dans les beautés profondes de vos demeures mystérieuses. Qu'elles entrent dans le royaume secret des mystères divins ; et leur vie toute transformée, toute transfigurée, toute divinisée dans le Christ atteindra une puissance infinie par la valeur même de vos divines richesses[1].

1. Textes tirés du *Journal* des Foyers de Charité et du numéro spécial hors-série de juillet-août 1981 de *L'Alouette*, édité, à l'occasion de la mort de Marthe Robin, également par les Foyers de Charité. Avec leur aimable autorisation.

La vie de Marthe Robin en quelques dates

1902 13 mars : Marthe Robin naît à Châteauneuf-de-Galaure (Drôme), dans une famille d'agriculteurs qui possède une ferme de 13 hectares. Elle est la sixième et dernière enfant de Joseph et Amélie-Célestine Robin.

1914 21 mai : Marthe fait sa profession de foi (la « communion solennelle »).

1918 Été : Marthe souffre de terribles maux de tête et de vomissements. 1er décembre : Marthe tombe subitement par terre, à même le sol de la cuisine. Son état suscite tant d'inquiétude qu'elle reçoit le sacrement de l'extrême-onction, réservé à l'époque aux mourants.

1921 20 mai : première apparition de la Vierge Marie, en pleine nuit. Alice, la sœur de Marthe, présente dans la chambre, n'a vu qu'une grande lumière.

1923 L'abbé Léon Faure, 50 ans, est nommé curé du village. Il est plutôt désemparé par cette paroissienne dont il trouve le comportement singulier, mais il s'adapte et fait tout pour l'aider.

1927 Première apparition de sainte Thérèse de l'Enfant-Jésus, pendant que Marthe est dans le coma.

1928 2 novembre : Marthe est admise dans le Tiers Ordre de Saint-François. La nuit suivante, elle est agressée par « le diable » qui lui casse deux dents. Nuit du 4 au 5 décembre : première apparition de Jésus.

1929 Marthe perd totalement l'usage de ses jambes et de ses bras, et demeure couchée dans son lit qu'elle ne quittera plus jusqu'à sa mort. Elle ne peut plus se servir de ses doigts et abandonne les travaux de couture dans lesquels elle excellait. Bientôt, elle ne peut plus écrire non plus. Elle utilisera l'aide de scripteurs.

1930 La paralysie des muscles de la déglutition empêche à présent Marthe d'absorber le moindre aliment et de boire. Elle survivra plus de cinquante ans sans manger, ni boire. Les médecins ont estimé qu'elle pesait entre 25 et 30 kilos à sa mort. Au cours de cette même année, Marthe revit pour la première fois la passion de Jésus. Elle reçoit les stigmates. Dorénavant, elle fera cette expérience mystique chaque semaine, le vendredi, soit au total plus de 2 500 fois.

1933 Jésus lui révèle qu'elle est destinée à remplir une mission : « la grande Œuvre de son Amour ». Il annonce la création des Foyers de Charité et souhaite l'ouverture immédiate d'une école privée catholique à Châteauneuf-de-Galaure.

1934 Octobre : l'école « demandée par Jésus » ouvre ses portes (7 filles en « douzième ») grâce au père Faure, avec l'appui de bénévoles et de donateurs.

1936 10 février : première rencontre entre le père Georges Finet et Marthe Robin qui le désigne comme le prêtre que Jésus souhaite voir à ses côtés pour l'aider dans sa mission. 23 juin : le père de Marthe, Joseph Robin, décède. Le père Finet accepte la proposition de Marthe avec l'accord de l'archevêque de Lyon. Il donne sa première retraite spirituelle à Châteauneuf-de-Galaure du 7 au 13 septembre. Il partage son temps entre Lyon et ce village de la Drôme.

1939 Marthe perd pratiquement la vue. Dorénavant, sa chambre restera toujours sombre car la moindre lumière la fait terriblement souffrir.

1940 Début des travaux du futur Foyer de Châteauneuf. 22 novembre : décès d'Amélie-Célestine Robin, la mère de Marthe.

1947 Le nouveau Foyer de Châteauneuf-de-Galaure est terminé. L'imposante statue de Notre-Dame du Foyer est posée le 26 mars.

1951 8 août : Henri Robin, son frère, se donne la mort. Des membres du Foyer vont vivre dorénavant à la ferme pour aider Marthe.

1953 3 octobre : une école primaire (privée catholique) pour les garçons, dépendant du Foyer, ouvre ses portes à Saint-Bonnet.

1955 Le Foyer crée une « école ménagère » (aujourd'hui lycée technique).

1956 10 février : des membres du Foyer central s'engagent pour la première fois « totalement et définitivement » au service de l'Œuvre.

1979 Les nouvelles installations du Foyer central sont inaugurées : une église de 1 500 places, un amphithéâtre pouvant accueillir 350 personnes… et une cloche baptisée « Marthe » – sans que son avis soit sollicité. En l'apprenant, elle ironisera : « Je veux bien porter le nom d'une cloche ! » Parution du premier livre (non autorisée) sur Marthe Robin, signé Jean-Louis Ruchon, correspondant à Romans du *Dauphiné libéré*. Le Foyer a proposé de racheter les droits à l'éditeur afin de l'empêcher de paraître. 21 novembre : un représentant du Vatican se rend à la ferme et présente à Marthe un projet de statut pour les Foyers de Charité.

1980 Le Vatican impose la démission du père Finet qui est remplacé par le père Paul Larrive. La contestation gagne un grand nombre de Foyers. Le père René Wolfram, du Foyer d'Ottrott, en est l'un des fers de lance à travers un document appelé « Les dix propositions ». Marthe est consultée. « Dites ce que vous vivez », dit-elle.

Abécédaire

Actualité : la vie de Marthe Robin se déroule dans un temps de l'Histoire où le monde et l'Humanité changent de dimension. L'homme est désormais capable de s'autodétruire avec la bombe atomique qu'il utilise pour la première fois en août 1945 à Hiroshima et à Nagasaki. Il découvre vingt ans plus tard de nouveaux terrains d'aventure en sortant pour la première fois dans l'espace en 1965 et en marchant sur la Lune en 1969. La mondialisation est en marche avec la première connexion Internet au cours de cette même année 1969. Le monde est entré dans l'ère numérique. Marthe Robin, qui ne quitte pas son lit, sans manger ni boire depuis plusieurs dizaines d'années, est paradoxalement le témoin de cette époque.

Béatification : le dossier en vue de sa béatification a été déposé auprès de la Congrégation pour la cause des saints en 1996. Précédemment, une enquête diocésaine avait été ouverte par l'évêque de Valence en 1986 au cours de laquelle des centaines de témoignages ont été recueillis. La cause, comme on nomme cette procédure, est à l'étude au Vatican depuis une dizaine d'années.

Charismatique : le mouvement charismatique – apparu chez les protestants au début des années 1960, pour se développer ensuite chez les évangélistes et les chrétiens, et plus tard au début des années 1970 chez les orthodoxes – s'est reconnu dans la figure spirituelle de Marthe Robin. De nombreux responsables ou adeptes sont venus la rencontrer à « la ferme de la Plaine » et lui demander conseil.

Écoles : plusieurs sont attachées aux Foyers de Charité de Châteauneuf-de-Galaure, de Courset et de Roquefort-les-Pins en France, et à travers le monde (Afrique, Amérique du Sud…).

Foyer de Charité : au cours d'une Passion, dont la date n'a pas été gardée, mais qui se situe au plus tard en 1933, Jésus charge Marthe d'une mission : « Développer la grande Œuvre de son Amour. » « Je veux, dit-il à Marthe, un foyer éclatant de lumière, de charité et d'amour […]. La maison de mon cœur ouvert à tous. » Le Foyer de Châteauneuf-de-Galaure, qui sera créé le premier, est appelé « Foyer central » ou « Grand Foyer ». L'appellation complète est « Foyer de Lumière, de Charité, d'Amour ». Il est précisé que « la Lumière renvoie à l'enseignement, la Charité à la vie quotidienne des communautés, l'Amour à Dieu lui-même ». Les membres, « à l'exemple des premiers chrétiens, mettent en commun leurs biens matériels, intellectuels et spirituels pour vivre et annoncer ensemble l'Évangile ». La gestion matérielle de chaque Foyer est confiée à un ou une responsable et un conseil est élu par les membres. La partie spirituelle est dévolue au « père » qui « reçoit de l'évêque du lieu les pouvoirs nécessaires à l'exercice de son ministère sacerdotal au sein du diocèse ».

Georges Finet : il a 38 ans lorsqu'il rencontre Marthe Robin pour la première fois. Issu d'une famille de la bourgeoisie lyonnaise, il est ordonné prêtre en 1923. En 1936, il occupe le poste de directeur de l'enseignement libre du diocèse de Lyon quand Marthe lui demande de prendre la direction de l'« Œuvre » que Jésus souhaite créer. Il est le premier « père » du futur Foyer de Châteauneuf-de-Galaure jusqu'à sa mort en 1990.

International : le mouvement s'est développé sur quatre continents à travers 75 Foyers de Charité. Le plus grand nombre (24) se trouve en Afrique où ils se sont installés dans 16 pays : Bénin, Burkina-Faso, Burundi (3), Cameroun (3), Congo (2), Côte-d'Ivoire (2), Gabon, Ghana, Madagascar, Ouganda (2), République centrafricaine, Afrique du Sud, Rwanda, Sénégal (2) et Togo. On trouve 13 Foyers en France. Ils sont situés à Châteauneuf-de-Galaure (Drôme), Roquefort-les-Pins (Alpes-Maritimes), Lambesc (Bouches-du-Rhône), Tressaint (Côtes-d'Armor), Coleyrac-Saint-Cirq (Lot-et-Garonne), Courset (Pas-de-Calais), Baye (Marne), Ottrott (Bas-Rhin), La Flattière (Haute-Savoie), Naves (Savoie), Combs-la-Ville (Seine-et-Marne) et Poissy (Yvelines). L'Amérique du Sud accueille 11 Foyers dans 8 pays : Argentine, Brésil, Chili, Colombie (3), Équateur, Haïti (2), Mexique et Pérou. 11 Foyers ont également ouvert leurs portes en Europe dans 8 pays : Autriche, Belgique (2), Irlande, Italie (2), Luxembourg, Pays-Bas, Pologne (2) et Suisse.

Léon Faure : curé du village à partir de 1923, il est le premier prêtre confronté à la situation singulière dans laquelle se trouve Marthe Robin.

Il rencontre des difficultés à appréhender la dimension mystique de sa paroissienne. On lui doit cependant entre 1933 et 1938 un journalier des Passions, dans lequel il note avec une grande objectivité les réactions de la stigmatisée.

Mixité : elle est la règle au sein des Foyers dont les membres laïcs ou religieux « vivent ensemble dans un esprit de famille ». Il est précisé que « les hommes et les femmes célibataires ont des habitats séparés ». De même, les couples mariés « ont leur propre logement pour réaliser leur vocation particulière et pourvoir à l'éducation de leurs enfants ». Environ un millier de personnes sont membres de Foyers de Charité dans le monde. La moyenne d'âge est de plus en plus élevée, notamment en France.

Ndione Moïse : il est le premier supérieur général des Foyers de Charité dans le monde avec le titre de « père modérateur international ». Il réside à Châteauneuf-de-Galaure. Ordonné prêtre en 1988 au Sénégal, il a été « père » du Foyer du Cap-des-Biches, près de Dakar. En 2008, il est nommé au conseil international de l'Œuvre. Il devient, pendant quelques mois, en 2016, « père » du Foyer de Châteauneuf.

Père : tel est le nom donné au responsable spirituel de chaque Foyer. Ce prêtre ne peut pas avoir d'autres fonctions de direction selon les nouveaux statuts votés en juin 2016. Cette décision a été prise à l'initiative du Vatican pour éviter les abus enregistrés dans certaines communautés nouvelles en raison de l'absence de séparation entre direction spirituelle et direction temporelle. Trois « pères » se sont succédé à la tête du Foyer de Châteauneuf-de-Galaure à la suite du père Finet († 1990) : Jacques Ravanel († 2011), Bernard Michon et Moïse Ndione. Une réflexion a été lancée au sein des Foyers afin de réfléchir à cette notion de paternité et à en préciser les contours.

Retraites spirituelles : elles sont organisées toute l'année dans chaque Foyer. Elles se déroulent dans « un climat de silence, de prière et de charité fraternelle favorisant l'écoute de la parole de Dieu ». Elles sont dites « fondamentales » et durent cinq jours. Elles sont ouvertes à « des retraitants de tous âges, conditions, vocations, croyants ou non ». Elles offrent « une synthèse de la Foi et de la vie chrétienne, en fidélité avec la parole de Dieu et à l'enseignement de l'Église ». Elles sont assurées par le « père » du Foyer qui « peut se faire aider d'autres personnes ». D'autres temps de retraites à thèmes et sur des périodes plus courtes (un week-end par exemple) sont aussi proposés.

Statut : les statuts des Foyers de Charité ont été approuvés le 8 décembre 1999. Le Vatican les reconnaît comme « association privée internationale de fidèles, de droit pontifical, dotée de la personnalité juridique ». Ils sont ainsi distingués d'un ordre religieux. Ce statut a été précisé au fil des ans. Une structure de direction au niveau international (« père modérateur », conseil...) a été créée en 2016.

Vénérable. Le pape François déclare Marthe Robin « vénérable » le 7 novembre 2014.

Bibliographie

ANTIER Jean-Jacques, *Marthe Robin. Le voyage immobile*, Perrin, 1991.

ASSAILLY Alain, *Marthe Robin. Témoignage d'un psychiatre*, Éditions de l'Emmanuel, 1996.

CLÉMENT Marcel, *Pour entrer chez Marthe*, Fayard, 1993.

DERAMAIX Marc, PEYRET Raymond, SOULARY Béatrice, GALICHET Bernadette, VIGNON Pierre, GAILLARD Marie-Hélène et Colette, *Vénérable Marthe Robin, des témoins réagissent*, Un seul cœur, 2014.

FAURE Léon, *Les Passions de Marthe Robin*, Éditions des Foyers de Charité, 2009.

GUITTON Jean, *Portrait de Marthe Robin*, Grasset, 1985.

MANTEAU-BONAMY Henri-Marie, *Marthe Robin sous la conduite de Marie*, Saint-Paul, 1995.

—, *Prier 15 jours avec Marthe Robin*, Nouvelle Cité, 1999.

PAGNOUX Jacques, *Marthe Robin. Une femme d'espérance pour le XXIe siècle*, Fayard, 1995.

PEYRET Raymond, *Marthe Robin. La croix et la Joie*, Peuple libre, 1981.

—, *Prends ma vie, Seigneur. La longue messe de Marthe Robin*, DDB, 2004.

—, *Marthe Robin. L'offrande d'une vie*, Salvator, 2006.

PEYROUS Bernard et GILLE Martie-Thérèse, *Vie de Marthe*

Robin, Éditions de l'Emmanuel-Éditions des Foyers de Charité, 2006.

—, *Ce que Marthe Robin leur a dit*, Éditions de l'Emmanuel-Éditions des Foyers de Charité, 2015.

Ravanel Jacques, *Le Secret de Marthe Robin*, Presses de la Renaissance, 2008.

Robin Marthe, *Journal : décembre 1929-novembre 1932*, Éditions des Foyers de Charité, 2013.

—, *De l'arrestation à la mise au tombeau : la douloureuse Passion du Sauveur*, introduction de Sophie Gueux, Éditions des Foyers de Charité, 2016.

Ruchon Jean-Louis, *L'Énigme Marthe Robin ou l'étrange dossier des stigmatisés*, A. Lefeuvre, 1979.

Ouvrages du même auteur

L'Irrésistible Ascension de Nasser Sabeur, Éditions de l'Aube, 1988.

Les Derniers Exorcistes de l'épiscopat révèlent !, Filipacchi, 1996.

Enquête sur la piété des foules : la force des sanctuaires, Perrin, 1998.

Le Défi de l'infocommunication : le journalisme menacé par la communication, L'Âge d'homme, 2000.

Dans le secret des ermites d'aujourd'hui, Nouvelle Cité, 2001.

La Vie merveilleuse de Benoîte Rencurel, Nouvelle Cité, 2004.

Un nouveau regard sur les apparitions, Éditions de l'Emmanuel, 2008.

Marthe Robin, le mystère décrypté, Presses de la Renaissance, 2011.

Benoîte Rencurel. Une vie avec les anges, Salvator, 2014.

COLLECTION
LES GRANDES FIGURES DE LA SPIRITUALITÉ CHRÉTIENNE

1. Saint François d'Assise
2. Saint Augustin
3. Mère Teresa
4. Charles de Foucauld
5. Luther
6. Jean-Paul II
7. Saint Ignace de Loyola
8. Saint Louis
9. Saint Paul
10. Sainte Thérèse de Lisieux
11. Saint Benoît
12. Saint Nicolas
13. Calvin
14. Padre Pio
15. Sainte Thérèse d'Ávila
16. Saint Vincent de Paul
17. Saint Thomas d'Aquin
18. Bernadette Soubirous
19. Pierre Teilhard de Chardin
20. Sœur Emmanuelle
21. Jean XXIII
22. Saint François de Sales
23. Saint Jean de la Croix
24. Sainte Jeanne d'Arc
25. Saint Grégoire de Nazianze
26. Saint Bernard de Clairvaux
27. Catherine Labouré
28. Abbé Pierre
29. Saint Jean Chrysostome
30. Saint Martin de Tours
31. Saint Dominique
32. Marthe Robin
33. Saint Antoine de Padoue
34. Saint Jacques
35. Sainte Catherine de Sienne
36. Saint Curé d'Ars
37. Saint François Xavier
38. Sainte Geneviève
39. Don Bosco
40. Sainte Claire

Pour en savoir plus
sur les Presses de la Renaissance
(catalogue complet, auteurs, titres,
extraits de livres, revues de presse,
débats, conférences...),
vous pouvez consulter notre site Internet :

www.presses-renaissance.fr

Composé par Nord Compo Multimédia
7, rue de Fives, 59650 Villeneuve-d'Ascq